中小企業のための
外国人雇用マニュアル

若松 絵里

BB KKベストブック

はじめに

初めに、この本を手に取っていただきありがとうございます。

私は２００５年に行政書士・社会保険労務士として開業して以来、多くの日系・外資系、様々な業種・規模の企業に対して外国人雇用のサポートをしています。企業が外国人雇用に興味を持つ動機は様々です。上場しているような大手の日系企業であれば、
・今までは外国人材を積極的に採用している訳ではなかったが、ここ数年、新卒・通年の採用募集で日本人に混ざり外国人が多く応募してくるようになった。これからは優秀な人材であれば国籍に関係なく、どんどん採用していきたい
というように、これまでの採用活動の一環で外国人雇用に踏み出そうとしている企業が多いように感じます。一方、零細・中小企業の外国人雇用の必要性はもっと切実です。
・人手不足の中小企業は、いくら求人募集をしても優秀な日本人社員が集まらない。優秀な外国人材がうちに来てくれるのであれば、大手よりも給与面で優遇するのでなんとか採用したい
・人口減少が続く日本では活路を見いだせない。海外への進出計画も立てたが、肝心の海外業務

を担当するブリッジ人材がいない。日本人社員では代替できない。新しく優秀な外国人材を雇わなければ事業計画が頓挫してしまう

といった声があります。ただ、顧客企業の社長や人事担当者の話を聞いていて、大手と中小企業の外国人雇用の動機と緊急度にこのような差異はあるものの、両者に共通した悩みとして必ず挙がってくるのが、「外国人雇用には慣れていない、あるいは全く経験したことがないので不安が大きい」「採用しても定着してくれるのか不安だ」「採用に必要な就労ビザの申請や入社後の雇用管理など、何をどう進めればいいのかわからない」「優秀な外国人材を雇用したいのは山々だけれど、何から手をつけていいのか全く見当がつかない」ということです。

本書では、このような特に外国人雇用を喫緊の課題として検討している中小企業の代表者、人事担当者の皆様向けに、主に就労ビザの申請方法などの入国管理手続について解説しています。この分野は初めて外国人雇用を検討している企業にとって、最も馴染みが薄く、不安に感じている分野だと思います。本書が、御社の外国人雇用の成功の一助になるよう心から願っています。

2018年3月　若松 絵里

第2章 初めて外国人を雇用するときの手続き

第3章　初めて外国人を雇用するときの手続き〈ステップ4・5〉～就労ビザ申請と取得・受入準備まで～

第4章　初めて外国人を雇用するときの手続き ～入社後の労働保険と社会保険～

第1章　外国人雇用に関する基礎知識

■外国人雇用の現状

皆さんは、現在日本国内にどれくらいの外国人が住んでいるかご存知ですか？ 法務省が公開しているデータによると、2017年12月末の時点で「(1)中長期在留者」と呼ばれる留学や就労等の目的をもって日本に入国、法務省が90日以上の在留期間を決定し(2)在留カードを交付した外国人の数は256万1848人（特別永住者含む。2016年末から17万9026人増）で、3年連続の過去最高を記録しました。この内どのくらいが一般の企業等でフルタイムあるいはパートタイムで仕事に就いている外国人労働者なのでしょうか。厚生労働省が公開している最新データ「外国人雇用状況報告」では、国内で週20時間以上稼働する外国人労働者の数は127万8670人で、こちらも5年連続で過去最高を記録しています【図①】。

これらのデータから見ると、日本の全就業者数約6562万人（2018年1月労働力調査）に占める外国人労働者の数は約1・9％程度になります。この数字だけを見ると、「案外少ないな」と思う読者も多いのではないでしょうか。なぜならここ最近、特に東京などの首都圏ではコンビニエンスストアや百貨店・飲食店等、直接その姿を目にするサービス業の現場ではもちろん、一般企業

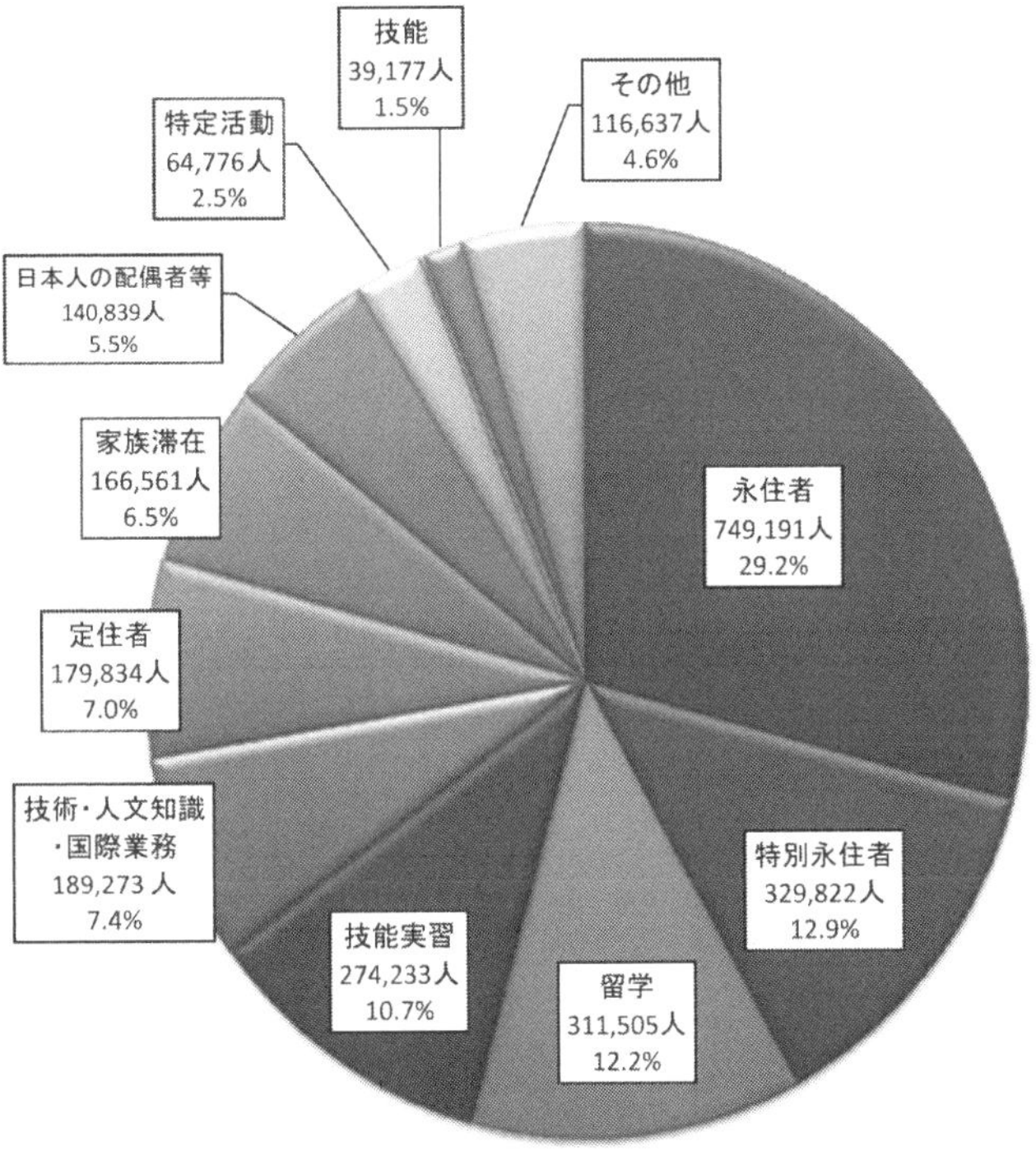

日本で働く外国人は、127万8,670人（2017年12月現在）

【図①】在留外国人の構成比［在留資格別］
出典：法務省（2017年12月末現在における在留外国人数について［確定値］）http://www.moj.go.jp/content/001254624.pdf（3頁第2-2図）より

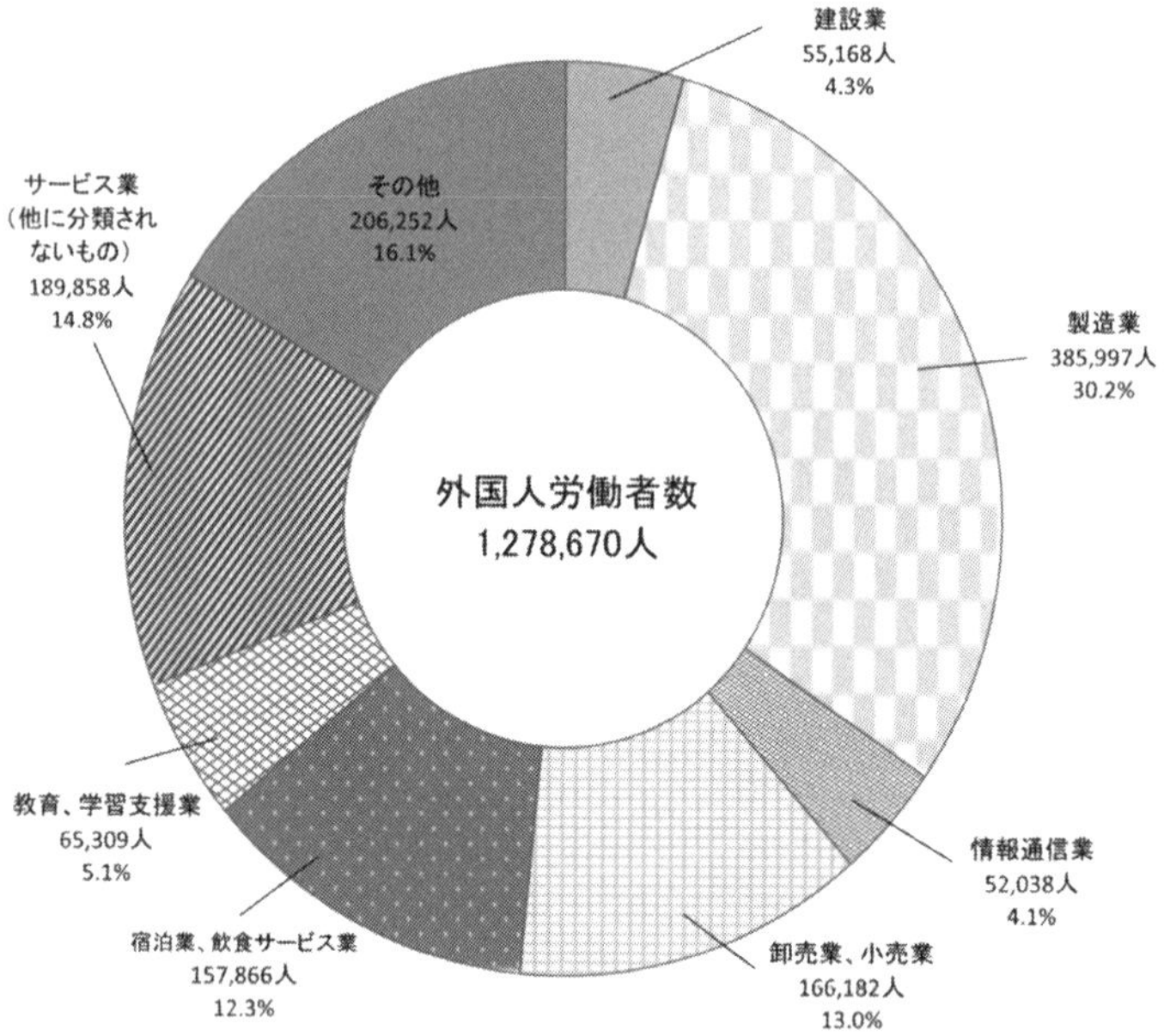

外国人を雇用している産業は、製造業とサービス業で半数

【図②】産業別外国人労働者数
出典：厚生労働省「外国人雇用状況報告」
届出状況まとめ（2017年10月末現在）
http://www.mhlw.go.jp/file/04-Houdouhappyou-11655000-Shokugyouanteikyokuhakenyukiroudoutaisakubu-Gaikokujinkoyoutaisakuka/7584p57g.pdf（8頁図8-1）より

でも多くの外国人が日本人と同じように働いている姿をごく普通に見かけるからです。

産業別にみた外国人労働者の割合はどうでしょうか。人手不足に苦しんでいる「製造業」が30・2％で第一位、サービス業で「宿泊業・飲食サービス業」12・3％、「その他サービス業（他に分類されないもの）」14・8％の両方を合わせると27・1％で第二位となっています【図②】。なお、製造業における就労外国人の殆どが、最近メディアでもその名を耳にすることが多い（＊３）技能実習制度の下、就労している技能実習生や永住者等の身分に基づく（＊４）在留資格を保持する外国人によって占められています。外国人を雇用している産業は製造業とサービス業で半数を占めています。

次に、外国人を雇用している企業の規模をみてみましょう。厚労省のデータによると、外国人を雇用している事業所の数は全国で19万４５９５か所、前年より２万１７９７か所（前年同期比12・6％）増加しています。事業所の規模では、従業員数30人未満の企業が全体の約34％、30～99人が18％と99人未満の中小企業が全体の半数を占めています。ただし５００人以上の大規模事業所についても前年同期比で21・３％増加し、約26万人以上（前年同期21万５８６２人）の外国人を雇用しています【図③】。なお、企業規模ごとの外国人雇用は５００人以上の大規模事業所が最も大きな増加率となっている点も注目です。外国人を雇用している企業は、従業員数30人未満の小規模事業所がトップ。ただし、最近では５００人以上の大企業の増加率が最も大きくなっています。

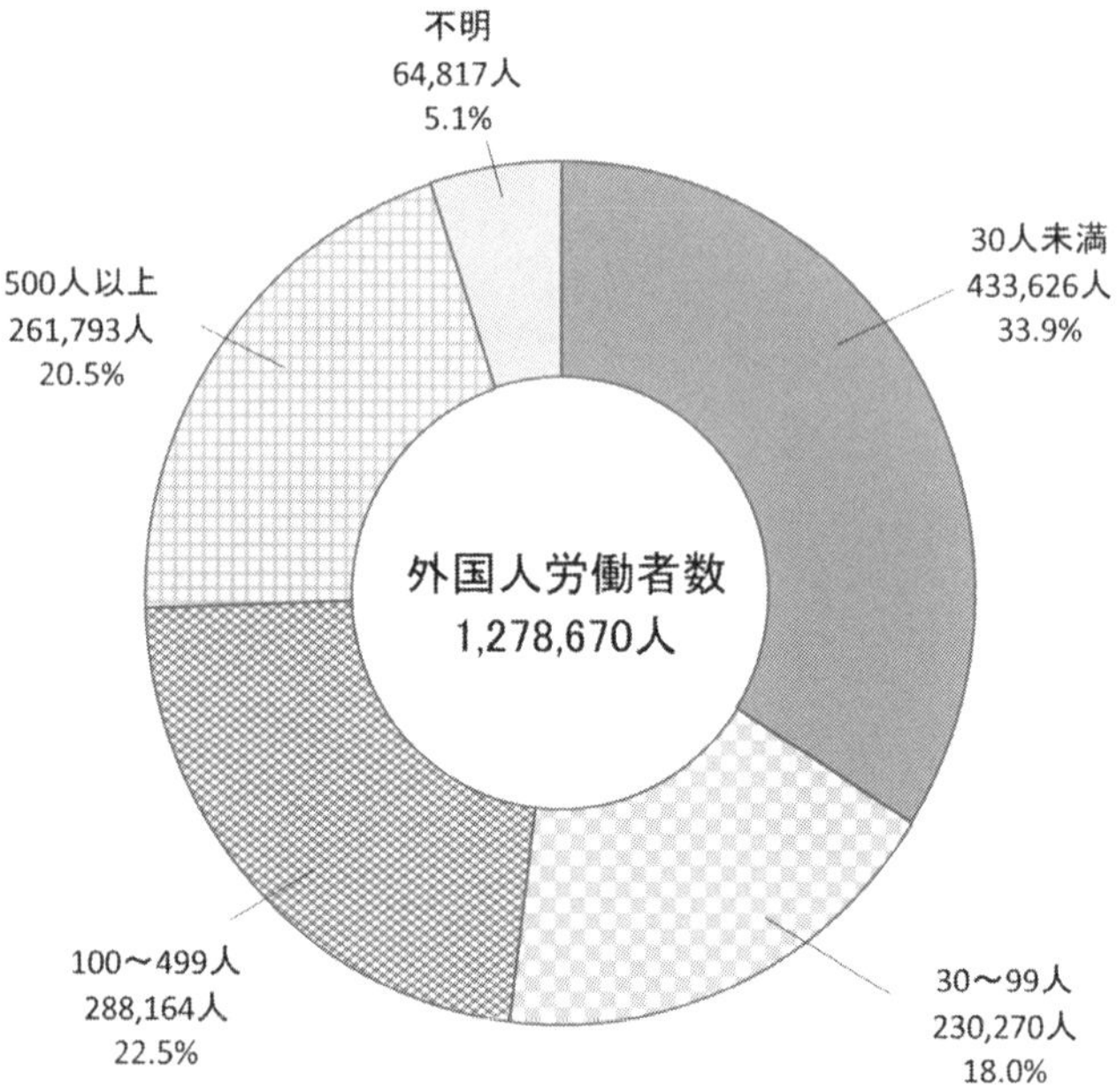

外国人を雇用する企業は、従業員 30 人未満の小規模事業所がトップ
最近は大企業（同 500 人以上）の増加率も大きくなっている

【図③】事業所規模別外国人労働者数
出典：厚生労働省「外国人雇用状況報告」
届出状況まとめ（2017 年 10 月末現在）
http://www.mhlw.go.jp/file/04-Houdouhappyou-11655000-Shokugyouanteikyokuhakenyukiroudoutaisakubu-Gaikokujinkoyoutaisakuka/7584p57g.pdf（10 頁図９）より

以上の点から現状、日本国内で働く外国人労働者は製造業とサービス業に多く、その雇用主企業は１００人未満の中小企業が半数を占める。ただし、直近では大企業の外国人雇用率が最も上昇しているというようなことが言えるでしょう。とは言っても、最近は外国人労働者数の増加に伴い、どの企業規模においてもその雇用者数は増えているので、様々な業種や企業の職場で私達が目にする外国人が増えているというわけです。また、現在の日本政府は、今後年間20万人規模で外国人労働者の増加を目標に様々な政策を打ち出しています。したがって、これからもますます私達の身近で働く外国人は増えていくことでしょう。

■外国人雇用のメリットと成功させる重要ポイント

●中小企業が外国人を雇用するメリット

企業が外国人を雇用するメリットにはどのようなものがあるのでしょうか。日本の大学等を卒業した外国人留学生や海外から優秀な外国人を呼び寄せて採用した企業からよく聞く、外国人雇用のメリットとしては次のようなものが挙げられます。

・日本人社員よりも、仕事に対して真面目で自身の専門技術やキャリアの向上に積極的。仕事を覚えるのも早い

・日本語や英語をはじめとした外国語能力に長け、海外ビジネスのセンスがあり、自社の海外戦略に即戦力となる専門能力も高い

また、このような直接的なメリットに加えて、外国人雇用は共に働く日本人社員にも良い影響を与えるようです。たとえば、日本人社員から「優秀な外国人社員が側にいることで、自然とグローバルなビジネス環境を意識するようになり、外国語や高い専門技術の習得に積極的になれた」といった意見や、「日本のビジネス慣習に不慣れな外国人社員を気遣うことで、日本人社員全員が自然と助け合うようになり、職場の団結が深まった」という声が多く挙がっています。

●中小企業が外国人雇用を成功させる重要ポイントは？
～効果的な人事評価制度の導入が決め手になる～

では、外国人雇用を成功させるための重要なポイントはどのようなものでしょうか。初めて外国人を雇用した企業がよく戸惑うのが、彼らのキャリアパスや能力評価制度への強いこだわりです。現在の日本では、大手日系・外資系企業を除いた多くの中小企業が効果的な人事評価制度を導入・整備しておらず、適正な評価制度に基づいた昇進や昇給など、外国人社員が納得する処遇が行われていません。

日本人に比べると外国人は全体的に自身のキャリア向上に貪欲で、そのために努力も惜しまず真面目に働く人が多いのですが、その分、将来の昇進や昇給などキャリアパスが明確化できなければ不満が募り、優秀な人材であればあるほど不満が高じて最終的に退職に至る、というケースが少なくありません。また、外国人材アンケート【図４】の結果をみても、日本企業で働く外国人の多くは昇進や昇給を含む評価制度に不満を感じていることがわかります。

このような点から、中小企業が優秀な外国人労働者を雇用して定着させるためには、効果的な人

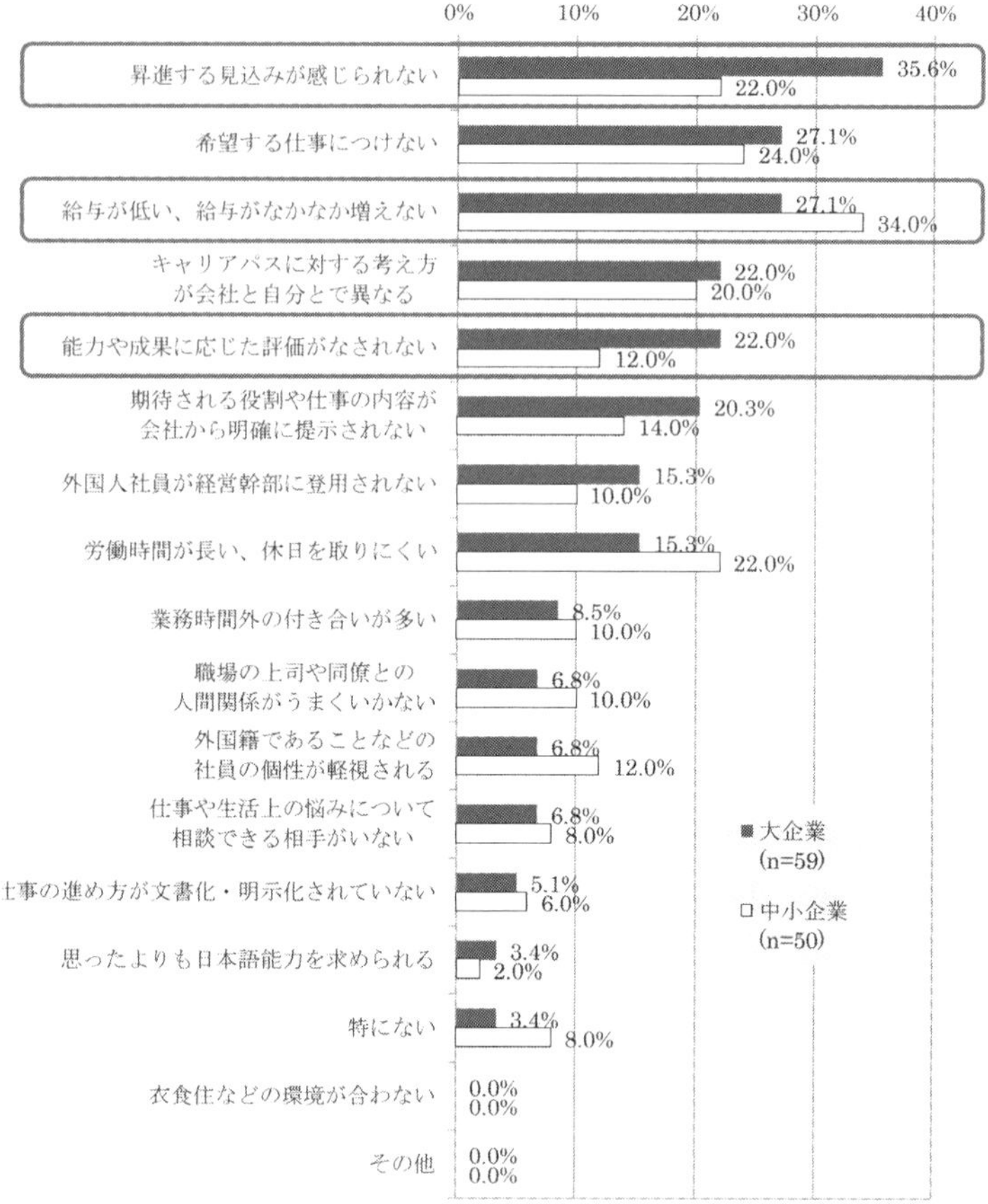

※複数回答（あてはまるものを３つまで選択）
※従業員数 300 人未満を中小企業、300 人以上を大企業とした

【図④】外国人材アンケート・日本企業に対する不満
出典：経済産業省 (2015 年度アジア産業基盤強化等事業「内なる国際化」を進めるための調査研究 報告書
http://www.meti.go.jp/press/2015/03/20160322001/20160322001.html 及び http://www.meti.go.jp/press/2015/03/20160322001/20160322001-3.pdf（23 頁図表２‐３）より一部改

事評価制度を導入することが最も重要なポイントの一つだと言えるのではないでしょうか。

■外国人の就労ビザとは？
～査証（ビザ）と在留資格の違いを理解する～

●「査証（ビザ）」は日本に入国するための許可証。発行は海外の日本大使館

これから外国人雇用に関する手続きを説明していきますが、外国人労働者にあまり馴染みのない皆様にとって「就労ビザ」や「在留資格」など聞き慣れない用語がたくさん出てきて混乱してしまう場面があるのではないでしょうか。その都度できるだけわかりやすい表現を使って説明しますが、最初に「就労ビザ」と「在留資格」の違いについて理解しておくと、本書をスムーズに読み進めていけるのではないかと思います。

世間一般でよく言われる「（就労）ビザ」と入国管理及び難民認定法（通称(*5)入管法）で規定されている「(*6)査証（ビザ）」には、実は大きな違いがあることはあまり知られていません。世

間一般では、外国人が日本政府によって与えられた日本で生活するために必要な在留許可そのものを「ビザ（就労する場合は就労ビザ）」と呼ぶことが多いようです。しかし、入管法によって規定されている本来の意味の査証（ビザ）とは実は意味が大きく異なるのです。

本来の意味の査証（ビザ）とは、海外に在住している外国人が来日に先立って自国の日本大使館や領事館で自身のパスポートを提示した上で、日本への入国・在留を申請し、その申請が日本の外務省によって許可された場合に許可の証明書として交付される文書のことを言います。こうして交付された文書＝査証（ビザ）は本人のパスポートに貼付され、それを初めて日本に入国した時に、到着した空港や港で入国審査官に提出、上陸の審査を受けた上で、その査証の内容に応じた「**在留資格**」がその場で与えられるしくみになっています。

●「在留資格」とは世間で言うビザ（外国人の滞在資格）と理解するとわかりやすい

一方、「在留資格」とは前述の流れで査証（ビザ）を取得し日本に入国した外国人が、入国時に特定の活動目的で特定期間在留するために与えられる資格（身分）のことです。２０１８年３月現在、全部で28種類あります。日本に在留している外国人は全員がこの28種類のいずれか1種類の資格を持って就労したり勉強したり又は婚姻生活などの在留活動を行っています。同時に2種類以上の在留資格を持っていたり、28種類の資格のどれにも当てはまらない外国人は存在していません（仮放免・仮滞在の者は除きます）。

以上、本書では今後、皆様の理解を容易にするため、状況に応じ「在留資格」＝「ビザ」あるいは「就労系の在留資格」＝「就労ビザ」と表現して解説することがあります。また、前述の入管法本来の「査証（ビザ）」を指す場合は、「査証（ビザ）」と表現しますので予《あらかじ》めご了承ください。

■外国人雇用の対象は「高度外国人材（専門的・技術的分野の外国人労働者）」

次章以降で、企業が留学生を卒業後に雇用あるいは海外から優秀な人材を呼び寄せて雇用したいと思ったら、どのような流れで手続きを進めればよいのか解説していきます。その前に、現在日本で働いている外国人の就労分野や在留資格（ビザ）の種類について概要を説明します。

一口に外国人労働者と言っても、コンビニや居酒屋で働く外国人、一般企業でエンジニアや語学教師として働く外国人、また農家や縫製工場・建築現場等で肉体労働者として働く外国人など、就労分野によって外国人個人の在留資格や来日の手続きや経緯は様々です。ちなみに、企業が留学生や海外から人材を呼び寄せて雇用する一般的な外国人雇用の場合、左記②の「**高度外国人材**」と呼ばれる専門的知識や技術を持つ外国人がその対象となります。

①コンビニや居酒屋で働く外国人の身分は?

国内の日本語学校や専門学校、大学等に留学している外国人（在留資格は「留学」）が、入管法の規定に従って「週28時間以内」という時間制限内でアルバイトとして勤務していることが多い。また他の就労が可能な在留資格では、これらの単純労働業務に就くことはできないが、例外として就労に関する制限がない永住者（在留資格は「永住者」）やその家族（在留資格は「永住者の配偶者等」）や日本人の家族（在留資格は「日本人の配偶者等」）、日系人（在留資格は「定住者」）等が働いていることもある。

②一般企業・公的機関等でホワイトカラー職として働く外国人の身分は?

海外から招聘された大学教授や研究者、国内企業の経営者やエンジニア・語学教師等、一般的に「ホワイトカラー」と呼ばれる外国人労働者は、在留資格「教授」「研究」「経営・管理」「技術・人文知識・

国際業務」といった2018年3月現在、17種類ある「**専門的・技術的分野の在留資格**」のいずれかを付与されて就労している。留学生が大学等を卒業後、国内企業に採用されて取得する在留資格も「**技術・人文知識・国際業務**」が全体の9割近くを占める（2016年法務省）。企業が外国人をフルタイムの正規社員として雇用する場合は、これらの在留資格を取得している外国人を採用するか、または取得させた上で雇用する必要がある。なお、永住者（在留資格は「永住者」）やその家族（在留資格は「永住者の配偶者等」）や日本人の家族（在留資格は「日本人の配偶者等」）、日系人（在留資格は「定住者」）も、パートタイム・フルタイム・職種の制限なく雇用することができる。

③農家や縫製工場・建築現場等で肉体労働を行う外国人の身分は？

こうした職場では、①②で紹介した「永住者」や「永住者の配偶者等」など単純労働業務に就くことが可能な在留資格を持っている外国人が勤務していることもあるが、多くの場合は「**技能実習制度**」を利用して来日し（在留資格は「技能実習」や「研修」）、農業や漁業、建設、食品製造、縫製等の限定された産業・職場で勤務している（技能実習2号・3号の場合）。

※①～③までの在留資格の詳細は、56頁第2章【図⑥】で確認してください。

このように一言で外国人雇用と言っても、雇用する形態や職種によって在留資格の種別や就労ビザの申請手続が異なります。本書で解説するのは、主に②の一般企業等が外国人労働者を日本人同様、フルタイムのホワイトカラーとして雇用する場合の諸手続きや注意点についてですが、必要に応じて①の留学生アルバイトや③の技能実習制度についても触れることがあります。

■中小企業が外国人を雇用するのは難しいのか？

これまで外国人を雇用した経験がない企業の中には、外国人労働者の募集方法に始まって、就労ビザの取得や入社後の人事労務管理に大きな不安をお持ちの皆様が多いのではないでしょうか。筆者も、次のような相談を受けることが多くあります。

・海外進出のために優秀な外国人を雇用したいが、募集方法から就労ビザの取得方法、入社後の雇用管理と何をどうすればいいのか全くわからない
・外国人を雇用したら、日本人社員と異なる複雑で特別な手続きや労務管理が必要になるのではないのか

このように不安に思われる気持ちもわかりますが、外国人を雇用する手続き自体には特別難しいことはありません。入国管理局に対する就労ビザの取得手続にはある程度の知識と手間が必要ですが、入社後の税務と労務管理業務については基本的に日本人の従業員と同様に処遇すればいいのです。多少対応が異なる部分はあるものの、慣れてしまえば苦労することはないでしょう。

しかし手続上、難しいことはなくても、一番大変なことは「採用した外国人にその能力を最大限に発揮して会社の戦力となってもらう」、また「労使間のトラブルを発生させることなく長期間継続して勤務してもらう」ことです。そのためには、雇用主が外国人社員との労使関係を常に良好に保ち、フォローアップを続けていくことが最も重要なことなのです。外国人雇用の成功のポイントは採用後のアフター・フォローを、ときには日本人社員に対するものよりも、より細やかに行うことだと筆者は確信しています。

コラム① 技能実習制度

本書をお読みの人事担当者や経営者の皆さんで、「技能実習制度」や「技能実習生」という言葉を聞いたことがないという方は少ないのではないでしょうか。最近は技能実習制度に関連する法律の改正や、技能実習制度の下で就労する外国人労働者の人権問題について、新聞やテレビなどで毎日のように報じられているからです。また実際に、国内の全外国人労働者数127万人余りのうち約2割の26万人ほどが技能実習生として就労しています。特に一定の分野や地方の企業において、この外国人技能実習生たちは、とても身近な存在になっているのではないでしょうか。

●技能実習制度とは?

技能実習制度とは、主に開発途上国からの外国人を受け入れて、一定期間、日本国内の企業等で職業上の技能・技術・知識（以下、「技能」）を学ばせ、彼らが母国に帰国した後、その習得した技能を本国で活用することにより技能の移転を図り、開発途上国の発展に寄与することを目的として1993年に創設された制度です。技能実習を行う外国人の活動は、①「**技能実習1号、イ・ロ**」（**滞在可能な在留期間は最大1年**）②「**技能実習2号、イ・ロ**」（同2年）③「**技能実習3号、イ・ロ**」（同2年）の6種類に分かれています。来日1年目の「技能実習1号」の技能実習生は、来日直後に2か月間の講習（座学）を受講して、その後各自、個別の企業で10か月の実習を行います。これらの実習が終わり、法律に規定された学科試験と実技試験に合格した技能実習生は、入国管理局で在留資格変更（ビザ変更）の許可を得た上で、「技能実習2号」に移行し、更に2年間の実習（労働）を続けることができます。

加えて、「外国人の技能実習の適正な実施及び技能実習生の保護に関する法律」（以下、「技能実習法」）が２０１７年11月に施行され、「技能実習３号」が追加されました。これによって、それまでの合計３年から5年に外国人技能実習生が就労できる期間が延長されたのです。ただし、この技能実習生2号あるいは3号として働く場合、どんな分野や職種でも就くことができるのかというとそうではありません。技能実習1号を終えた後、2号に移行して就労できる職種（受入企業が技能実習生を雇用してよい職種）は、法定の77職種１３９作業（２０１７年12月6日時点）に限定されています。その分野は農業（施設園芸・畑作・野菜・果樹・養豚・養鶏・酪農）、漁業・養殖業（かつお一本釣り漁業・延縄漁業・いか釣り漁業・ほたてがい養殖他）、建設業（さく井・建設板金・鉄筋施工・とび・かわらぶき・左官・配管・内装仕上げ加工等）、食品製造（缶詰巻締・ハム・ソーセージ・ベーコン・パン・惣菜製造等）、繊維・衣服（紡績運転・織布運転・染色・ニット加工等）、機械・金属（鋳造・鍛造・機械加工等）、その他（家具製作・印刷・溶接・塗装・ビルクリーニング・介護等）の7分野（空港グランドハンドリング業務は除く）に渡ります。企業は、これらの77職種１３９作業以外の職種や作業以外の仕事で、外国人を技能実習生（2号・3号）として雇用することはできません。

ちなみに、これら法定の職種や作業内容で技能実習生を雇用したいと希望する企業で、技能実習制度を利用するのが初めてで手続きについて何も知識がないという場合は、最初に日本政府の所管団体である**公益財団法人国際研修協力機構**（ＪＩＴＣＯ《ジツコ》）に問い合わせをするといいでしょう。この団体は、外国人技能実習生の受入れ・手続き・送出し・人材育成・実習生保護などを目的に１９９１年に設立された団体です。企業個別の事情に応じた相談対応から始まり、手続きの案内やサポートまで、技能実習生受入れに関するあらゆるサポートを行っています。また、外国人技能実習生を受け入れる方法には二つの方法があります。一つは「**企業単独型**」で、実習生を受け入れる日本側企業が海外の現地法人や合弁企業・取引先の職員などを呼び寄せて技能実習を行うタイプです。例えば、大企業の日本本社等が発展途上国の現地法人の幹部候補生等を招聘して実習を行い、技能を習得した実習生が母国に帰国、現地法人の中核スタッフとして活躍するといったケースです。ただし、主に大企業が利用するこの方式を利用して来日する実習生は少なく、技能実習生全体のわずか3・6％（ＪＩＴＣＯ・２０１６年末）程度です。

一方、残り96・4％の実習生はもう一つの「**団体監理型**」という受入方法で来日します。「団体監理型」は、国内の商工会議所や中小企業団体等の監理団体が一括して技能実習生を受入れ、傘下の一般企業（実習を行う企業や団体）で技能実習（労働）を行わせる方式です。この「団体監理型」の場合、前出の「企業単独型」と異なり、実習生の招聘に現地で実習候補生の選考や決定・派遣業務に携わる（**海外現地の**）「**送出し機関**」と、**日本国内の**「**監理団体**」という二つの機関が介在することになります。技能実習生の雇用を希望する中小企業は、これら監理団体の傘下に入ることによって（監理団体と契約を結んだ）海外の送出し機関から派遣される外国人技能実習生を受け入れることができるようになるというわけです。

また2017年11月に施行された技能実習法によって、新しく実習生を受け入れる各監理団体を監理監督する「外国人技能実習機構」という機関も新設されました。このように17年11月以降は、海外の送出し機関、送出し機関と契約して実習生を受け入れる監理団体、更に外国人技能実習機構といった団体を介在した新しい技能実習制度が始まっています。ちなみに、この新制度の導入と同時に前述の技能実習1号を終えた後、2号・3号に移行して就労できる職種（受入企業が技能実習生を雇用してよい職種）には、新たに「**介護**」が追加されたことも大きなニュースになりました。これからは続々と追加される新しい対象職種に加え、特に不足している国内の介護人材を補うために多くの介護・技能実習生が来日してくれるのではないでしょうか。

●技能実習制度の何が問題なのか?

最近、技能実習制度や技能実習生に関するマスメディアの報道を見ていると、人手不足の企業が低賃金で外国人実習生を雇用し、過酷な環境の下で過重労働を強制するなどの人権侵害行為が横行している一方で、制度を利用して来日する外国人実習生についても、来日後により高い賃金を求めて失踪や不法就労しているといった全体的に制度自体を批判するネガティブな報道内容が多いようです。確かに政府が唱える「日本の技術や知識を発展途上国の若者に伝えて、母国で役立ててもらう」という制度目的と方針は、日本の先端技術を学んで母国で活かしたいと希望する外国人にとっても有意義であり素晴らしいものです。ただ現状の制度運用がこの目的に沿ったものになっているのかと考えると、専門家として日々中小企業の外国人雇用に関する相談を受けている経験から、どうしても疑問を持たざるを得ません。

この制度の最大の問題点は、来日する技能実習生に対して、送り出しに際し多額の保証金等を請求するいわゆるブローカーと呼ばれる海外の送出し機関、加えて自身の傘下にある労働法規を守らず実習生を法外な過重労働と低賃金で搾取するブラック企業を監督できない（またはしない）日本側の監理団体にあると思います。もちろん、こうした違法な行為を行っている送出し機関や監理団体や企業は全体のごく一部で、多くの団体・企業は適法な受入れを行っています。加えて、今回の法律改正ではこの問題を解決するため、前述のとおり監理団体を監督する外国人技能実習機構が新設されました。ただ、この機構が今後どの程度有効に機能するのか現時点では未知数です。このように外国人技能実習制度には良い点もありますが、同時に多くの改善すべき問題点をはらんでいる難しい制度だと思います。

以上あくまでも私見ですが、外国人技能実習制度については制度全体を大きく改正するか、いっそのこと新たな外国人雇用制度を創設する方がいいのではないかと思います。韓国ではかつて日本の技能実習制度に類似し、送出し機関の不正といったトラブルも共通していた「研修就業制度」を導入していました。しかしこれを廃止し、２００４年に「雇用許可制度」を新設・導入したことで、現在は単純技能の外国人労働者受入れに成功しています。日本でも人材不足に悩む中小企業、そして海外からやってくる外国人労働者の双方が幸せになれるような新しい制度が少しでも早く整備されるよう願います。

第2章　初めて外国人を雇用するときの手続き
〈ステップ1・2・3〉～募集から雇用契約書の作成と取り交わしまで～

■採用から受入れまでのフロー

外国人を雇用する場合は、以下のような流れで手続きを進めていくと、後々トラブルが起こることが少なくスムーズな受入れが行えます。

〈ステップ1〉求人募集
〈ステップ2〉就労ビザ取得が可能かどうか事前調査と確認をする
〈ステップ3〉雇用契約書の作成と取り交わし
〈ステップ4〉就労ビザ申請と取得
〈ステップ5〉受入準備

ステップ2以降のフローについては、**「既に日本に在留している外国人**〈留学生などを新卒で採用あるいは既卒で転職する外国人の中途採用〉**を採用するケース」**と**「海外にいる外国人を採用して就労ビザを取得した上で日本に呼び寄せるケース」**ごとに異なります。したがって、ステップ2

以降のプロセスについては後掲でケースごとに分けて解説します。

●〈ステップ1〉外国人をどのような方法で募集する?

外国人雇用を行う企業の求人募集の方法として、主に以下のようなものがあります。

①知り合い（自社外国人・日本人社員含む）の紹介
②大学や専門学校等への求人募集
③インターンシップやアルバイトとして働いている外国人を正規雇用する
④ソーシャル・ネットワーク・サービス（例：リンクトイン https://jp.linkedin.com/ 等）の利用
⑤自社サイトを多言語化して求人募集
⑥外国人版ハローワーク
（外国人雇用サービスセンター：http://tokyo-foreigner.jsite.mhlw.go.jp/）の利用
⑦外国人専門の人材紹介会社の利用

中小企業の場合は①③の外国人を採用するケースが多く、中堅以上・大企業の場合は⑤⑥⑦による採用も多く見られます。企業の事業分野や職種によっても募集方法の特徴があります。

◆IT企業はSNS等インターネットを最大限活用している

例えば、若年層の就業者が多いゲームのアプリケーションソフト等インターネット関連の技術者は、業界や海外の慣例なのか、リンクトインなど海外のSNS（ソーシャル・ネットワーク・サービス）を通じて、自薦で気軽に応募してくることも多いようです。実際、ある新進のIT企業には20代前半のゲームアプリのエンジニアが、遥か北欧の国からリンクトインを通じ、自作の素晴らしい試作品アプリと共に「あなたの会社の製品が好きだ。ぜひ私を社員に加えてくれ。後悔はさせないよ」というメッセージ付きで応募してきて、見事に採用を勝ち取っていました。

またIT企業等に限らず、優秀な外国人材を積極的に採用したいと思う企業は、こうしたSNSだけではなく、自社サイトの求人募集をターゲットとする外国人の母国語や英語などの公用語で掲載すると、意外に効果があります。ただ、海外に社名が知られている有名企業は別として、知名度の低い一般的な中小企業の場合は、求人募集のページだけではなく、自社サイトの他のコンテンツ（製品紹介や会社概要など）についても多言語化しておく必要があるでしょう。日本国内で就職活動をしている外国人はもちろん、日本で働きたいと希望して海外で求職している優秀な外国人にとって、多言語化された企業サイトは効率的な求人ツールの一つです。

◆人材紹介会社は募集する職種・分野ごとに選択、
　若手外国人材を募集するなら日系ベンチャーの人材紹介会社も選択肢に

一方、製造業などの技術者や通訳・翻訳や海外取引業務など一般的な総合職を採用する場合は、新卒であれば大学や専門学校への求人募集が最も効果的です。また、既に日本に在留している既卒の外国人を中途採用する場合、⑦の外国人専門の人材紹介会社の利用という方法が効率的です。外国人専門の人材紹介会社については、財務・経営・海外営業といった専門職種で即戦力人材を中途採用するのであれば、国内に数多くある老舗といわれる海外資本の紹介会社を利用するのがいいでしょう。日本でキャリアを積み且つ転職を希望する専門職の外国人は、こうした海外資本の人材紹介会社に登録していることがほとんどです。ただし、人材紹介会社にもそれぞれ特徴があります。紹介する人材について、ある特定分野の人材に強みをもっているという場合が多いので、例えば法務・財務分野で優秀な人材を募集するならA社、設計・情報工学分野のエンジニアならB社というように、企業も募集する人材ごとに利用する人材紹介会社を使い分けるといいでしょう。

また、こうした以前からある外国人専門の外資系人材紹介会社に加え、最近増えてきているのが日系ベンチャーの人材紹介会社です。彼らは主に、中国・ベトナム・フィリピン・マレーシアなどの東南アジア諸国やインド等の新興国出身の優秀なエンジニアなどを専門に紹介しています。こうした紹介会社の中には、現在は海外にいる優秀な大学生等に対して在学中から会社負担で日本語教育を施し日本企業とマッチングした上で来日させるという外国人雇用のトータル・サービスを行っているところもあります。

外国人雇用の需要が高まってきている今、専門分野に秀でて日本語もできる優秀な国内の外国人留学生の獲得競争は激しくなっています。優秀な若手人材をどうしても雇用したいという場合は、以上のような紹介会社を通じて海外の優秀な外国人に目を向けることも一つの方法です。ただし、人材紹介会社の利用には正式採用後に紹介手数料がかかります。企業が人材の紹介を受け被紹介者が入社したときに、企業が人材紹介会社に支払う紹介手数料は会社ごとに異なりますが、一般的に被紹介者の想定年収の30～35％程度といわれています。人材紹介会社を利用するのなら、この手数料についても予め想定しておく必要があります。

◆留学生を採用したいなら、留学生が多く在籍する教育機関への求人や外国人雇用サービスセンター、各種事業者団体が開催している就職説明会を利用

大学や専門学校への求人募集は、日本の大学や大学院・専門学校に留学している外国人を新卒で採用する場合、最も有効な方法です。日本の教育機関で数年間勉強してきた外国人は日本語も流暢

な人材が多く、日本文化や慣習にも慣れているので入社後の社員教育がスムーズです。大学や大学院・専門学校に出す求人は、できるだけ外国人留学生が多い学校に対して行うと優秀な人材を探しやすくなります。

また、こうした教育機関への求人募集に加えて、ハローワークの外国人版である外国人雇用サービスセンター（2018年現在、東京・大阪・名古屋の3か所に設置・連絡先は巻末に記載）の利用、同センターや商工会議所など各種事業者団体で開催される外国人留学生専門のジョブフェア（就職説明会）に参加する方法もあります。

以上、様々な方法を通して採用したい外国人が決まったら、次のステップとして雇い主である企業がスポンサーとなり、その外国人が日本の就労ビザを取得できるかどうかということを予め調査・確認しなければなりません。これが前掲の「〈ステップ2〉就労ビザ取得が可能かどうか事前調査と確認をする」です。

早稲田大学	4,767人（4,603人）
東京大学	3,260人（2,990人）
東京福祉大学	3,000人（1,403人）
立命館アジア太平洋大学	2,818人（2,649人）
日本経済大学	2,708人（2,835人）
筑波大学	2,326人（2,062人）
大阪大学	2,184人（2,094人）
九州大学	2,089人（2,097人）
京都大学	2,009人（1,814人）
東北大学	1,941人（1,661人）

出典：独立行政法人日本学生支援機構（カッコ内の人数は2015年5月現在時データ）http://www.jasso.go.jp/about/statistics/intl_student_e/2016/ref16_02.html

【既に日本に在留している外国人を雇用する場合】

（留学生を新卒で採用、あるいは転職する既卒外国人を中途採用するケース）

●〈ステップ2〉在留カードで就労ビザ取得が可能かどうか事前調査と確認をする

◆まずは在留カードの確認を！　～適法に在留しているか確認する・在留カードの見方～

皆さんは、日本に3か月以上在留している外国人が持っている【図⑤】「在留カード」というものをご存知ですか。外国人が会社の求人募集に応募してきた場合、会社は先ず一番初めに、この在留カードを提示してもらい、その人が現在日本で適正な在留資格（ビザ）を持っていることを確認しなければなりません。在留カードは適法に入国・滞在している外国人に対して法務大臣から交付され、日本国内においては公的な身分証明書とみなされるカードです。在留外国人にとっては、パスポートの次に大切なものです。ちなみに、このカードは「在留資格」を付与されていない外国人に加え、以下の外国人には交付されません。

・3か月以下の滞在を許可された短期滞在者

※「興行」の在留資格を持っているが、在留期限が3か月以下の外国人も含む。
・在留資格「外交」及び「公用」の保持者
・台北駐日経済文化代表処（実質的な台湾大使館・領事館）など台湾日本関係協会の日本事務所や駐日パレスチナ総代表部の職員・その家族で、在留資格「特定活動」の保持者
・「特別永住者証明書」の保持者（朝鮮・韓国・台湾系外国人）

在留カードを交付された外国人は、日本国内では常にカードを携帯していなければなりません。【図⑤】にあるとおり、在留カードには外国人の個人情報の他に、その人が法律によって日本で行うことが許可されている活動内容や在留期限など様々な情報が明記されています。したがって、第三者は在留カードを確認することでその外国人が適法に日本に在留しているのか、また不法滞在・就労などの違法行為を行っているようなことがあれば、その事実をも判断することができます。

なお、外国人を雇用する企業には、予め在留カードを提示させ、その外国人が適法に日本に在留しているのか、同時に自社での就労が可能なのかどうかを確認する法律上の義務があります。もし企業が雇用前に在留カードの確認を怠り、不法滞在者や就労資格がない外国人、または自社で雇用することができない、例えばその外国人が本来許可されている在留資格で許可されている範囲外の

仕事内容で雇い入れをした場合、企業は入管法第73条（6）不法就労助長罪（3年以下の懲役または300万円以下の罰金）に問われる可能性があります（後で詳しく説明しますが、入管法上、在留外国人は自分が保有している在留資格で許されている仕事内容以外の業務を行い報酬を得ることは原則禁止されています）。

とは言っても、外国人の在留カードを初めて目にする企業の担当者にとって、カードのどこを見て何を判断すればよいのかは難しい点もあるのではないかと思います。次に、初めて外国人を雇用しようとする企業が在留カード

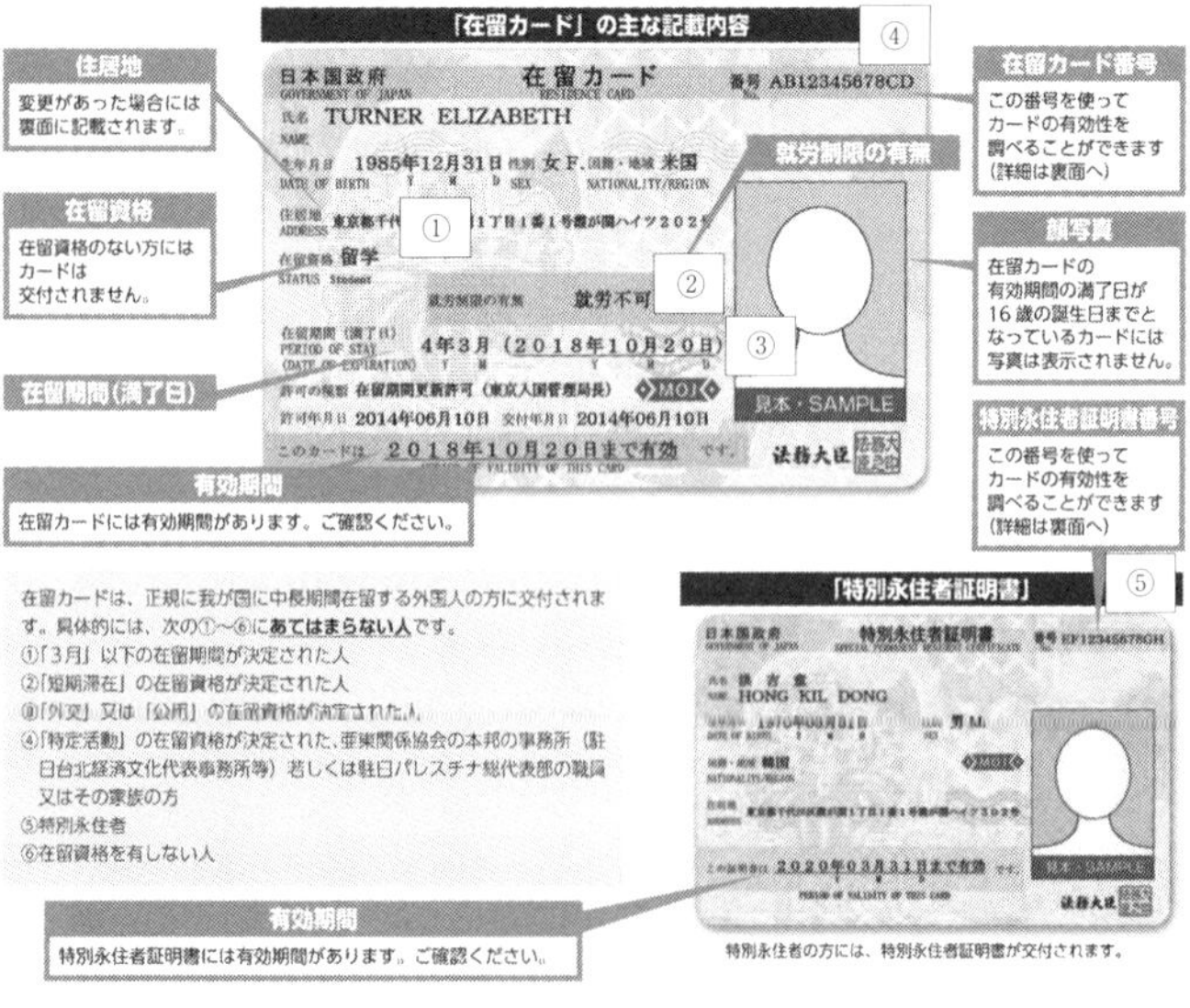

【図⑤】「在留カード」「特別永住者証明書」の見方（表面）
出典：法務省入国管理局
http://www.immi-moj.go.jp/newimmiact_1/pdf/zairyu_syomei_mikata.pdf）

を確認する上でどのような点に注意すればよいのか解説します。

①在留資格

外国人が現在、許可されている在留資格の名称が記載されています。日本語学校、高等専門学校、大学・大学院等を含む日本国内の主な教育機関に留学している学生の場合は「留学」、既に日本で就労ビザを取得して働いている外国人の場合は、例えば「技術・人文知識・国際業務」などの在留資格が記載されています。

②就労制限の有無

法律上、就労活動が可能なのかどうか記載されています。見本のように「就労不可」とある場合、原則、就労（アルバイトも含む）はできません。ただし、カード裏面⑦（51頁）の（*7）資格外活動許可欄に「許可：原則週28時間以内・風俗営業等の従事を除く」と記載されている場合は、週28時間以内の稼働時間で且つ風俗店等以外の職場であれば、単純労働などのアルバイト勤務が可能です。資格外活動許可とは、外国人が本来持っている在留資格において許されている活動以外で、収入を伴う事業活動や報酬を受ける就労活動を行う場合、入国管理局から予め受けておかなければいけない許可のことです。現役の外国人留学生や大学等を卒業後「**特定活動**」という在留資格で国内で**就職活動**をしている外国人また在留資格「家族滞在」を持つ外国人が受ける資格外活動許可が代表的です。この許可を受けている場合、週28時間以内の稼働時間内で且つ風俗店等以外の職場に限り、単純労働を含む短時間就労が可能になります。私たちがよく見かけるコンビニや飲食店で働く若い外国人労働者は、留学生がこの資格活動許可の下でアルバイト就労を行っているというのが一般的です。したがって、企業が留学生や国内で就職活動をしている外国人や「家族滞在」を保持する外国人を短時間アルバイトとして雇用する場合は、必ずこの⑦の許可の有無を確認しなければなりません。**②に「就労不可」と記載されていて、⑦の許可欄に許可の記載がない場合は、企業は短時間アルバイトであってもその外国人を雇用することはできません。**知らずに雇用してしまうと、雇用した企業も「不法就労助長罪」に問われる可能性があります。

※1．②欄が「在留資格に基づく就労活動のみ可」と記載されている場合、①欄の在留資格内で許可されている活動（仕事内容）での就労が可能です。

※2．①欄の在留資格が「**永住者**」「**日本人の配偶者等**」「**永住者の配偶者等**」「**定住者**」のいずれかで且つ②欄が「就労制限なし」と記載されている場合は一切の就労制限はありません。日本人労働者と全く同じ取扱いで、週28時間以上のフルタイムまた風俗店等での雇用も可能です。

※3．①の欄が「研修」「文化活動」「特定活動」等の場合、特定の雇用企業における就労について許可を受けている場合があり、その場合は別途パスポートに添付されている「指定書」によって就労制限の有無を確認します。

③在留期間（満了日）

在留カードの保持者が日本に在留できる最終期限日です。在留期間の更新申請や在留資格の変更申請を行わないままこの在留期間（満了日）を過ぎてしまうと、満了日の翌日から不法滞在となります。ただし、カード確認時時点でこの有効期間が超過している場合であっても、見本のカード裏面の⑧欄のように「**在留資格変更許可（または在留期間更新）申請中**」とあれば、現在、カード保持者は在留期間更新申請（ビザ更新申請）や在留資格変更申請（ビザ変更申請）を行っていて審査継続中という意味であり、現在も合法的に日本に在留しているということです。在留期間更新申請や在留資格変更申請は、③の満了日までに行えばいいことになっています。入国管理局での審査期間は、一般的に2週間から長ければ2か月ほどかかることもあるため、申請時期によっては在留期限が切れても審査が終わらない場合もあります。その場合は審査が完了するまでまたは本来の在留期限の満了後2か月が経過する日まで適法に日本に在留することができ、不法滞在とはなりません（入国管理局は殆どの場合、本来の在留期限の満了後2か月が経過する日までに必ず審査を完了させるため、結果的に不法滞在になることはほぼありません）。

④番号

在留カードの番号です。個人ごとに番号が異なります。法務省のホームページ（法務省入国管理局・在留カード等番号失効情報照会：https://lapse-immi.moj.go.jp）では、カード番号から実在しているカードなのかどうか（失効しているものではないか）を調べられます。ただし、最近は有効な在留カードを悪用した偽造在留カードが多く出回っているため、カード番号からだけでは確実に有効なカードであることを確認できません。法務省入国管理局の在留カード等番号失効情報照会(https://lapse-immi.moj.go.jp)では、偽造在留カードの見分け方についても説明しています。併せて確認するといいでしょう。

⑤特別永住者証明書

1991年11月1日に施行された、入管特例法に基づき定められ、在留資格を付与された「特別永住者」が保持する証明書です。第二次世界大戦終戦後に日本国籍を離脱した在日韓国人・朝鮮人・台湾人及びその子孫の人達が付与されている在留資格です。通常の「永住者」の在留資格を保持する外国人（一般永住者）が「在留カード」を交付されるのに対して、特別永住者に対しては「特別永住者証明書」が居住する市区町村役場により交付されます。また在留カードを交付される外国人と異なり、特別永住者には特別永住者証明書を常時携帯する義務はありません。このカードを持っている「特別永住者」についても一般の永住者などと同様何ら就労制限はなく、日本人労働者と全く同じ取扱いで週28時間以上のフルタイム、または風俗店等での雇用も可能です。

⑥居住地記載欄

外国人が現在、住民登録をしている最新の住所地が記載されています。この見本では、表面に印字されている住居地と⑥欄記載の住所地が異なります。この場合、本在留カードが発行された後に引越等で住所変更をしたことがわかります。また、表面の住居地欄に「未定（届出後裏面に記載）」と印字されている場合、その外国人は来日して初めて在留カードを付与されてから、まだ一度も在留期間更新や在

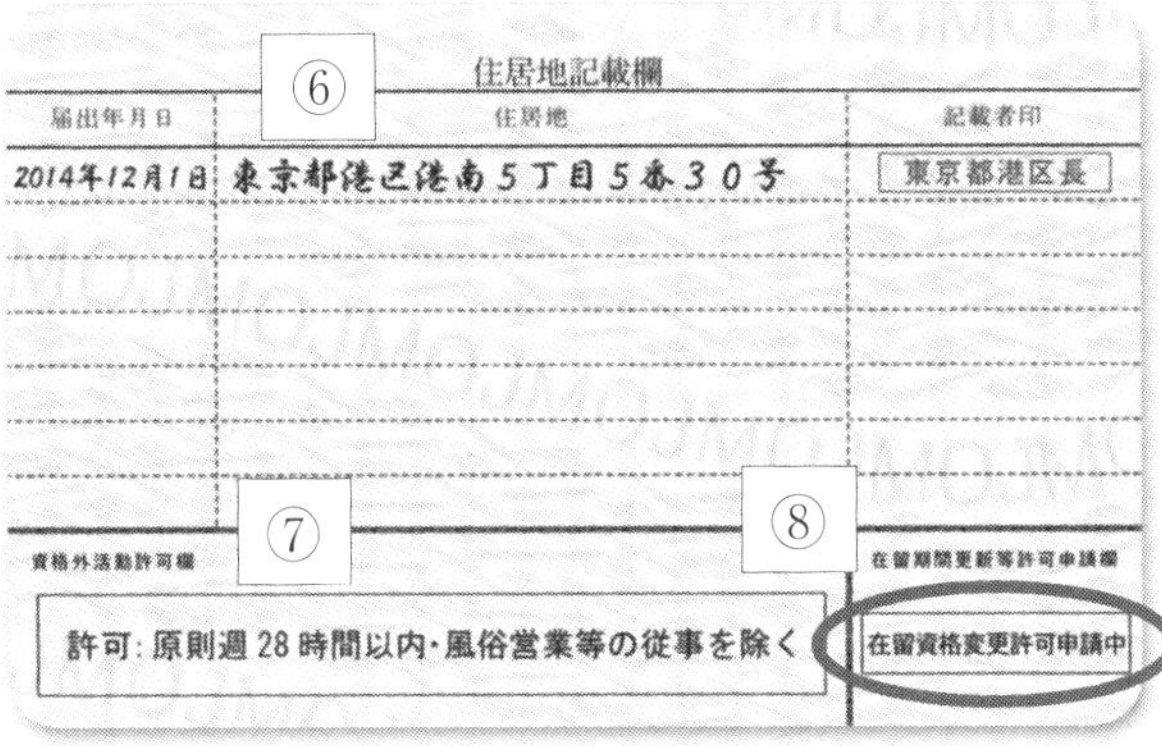

【図⑤】「在留カード」「特別永住者証明書」の見方（裏面）
出典：法務省入国管理局
http://www.immi-moj.go.jp/newimmiact_1/pdf/zairyu_syomei_mikata.pdf）

留資格変更を行っていないということです。長期滞在者として日本に入国すると、上陸した空港の入国審査で初めて在留カードが発行され本人に交付されます。その際、まだ日本国内の住所は決まっていないため「未定」と記載され、入国後に住所を定めた住居地の市区町村役場に住民登録をすると、届出先の市区町村役場が⑥欄に住所の記載をします。

⑦資格外許可欄

表面「② 就労制限の有無」欄での説明のとおり、資格外活動許可の有無が記載されています。

⑧在留期間更新等許可申請欄

表面「③ 在留期間（満了日）」欄での説明のとおり、この欄に「在留資格変更許可（または在留期間更新）申請中」とあれば、カード保持者は在留期間更新申請や在留資格変更申請を行っており、審査継続中ということです。

◆会社が在留カードの確認を怠って採用し不法就労をさせてしまうと、「不法就労助長罪」という罪に問われる可能性がある

不法滞在者や就労資格がない外国人または自社が雇用することができない、例えばその外国人が本来許可されている在留資格で行ってよいとされている範囲外の仕事内容で雇い入れをした場合、

会社が不法就労助長罪に問われる可能性があることは述べました。この不法就労助長罪という罪は、会社が不法滞在者や就労資格を持たない者、または前述の在留資格以外の活動（☞8）資格外活動）であったということを知らずに雇用した場合であっても、知らなかったということに過失がない限りは処罰を免れません。

ちなみに、この場合の過失に「在留カードを確認しなかった」ということは該当しません。つまり、採用にあたり在留カードの確認をしなかったことは過失にあたるので、カードを確認せず安易に採用し、結果的にその外国人が不法就労者だったということになれば、雇用した会社は不法就労助長罪として処分される可能性があるのです。

したがって外国人が求人に応募してきたら、人事担当者は最初に在留カード（原本）の提示を求めましょう。時々コピーを提出する外国人がいますが、偽造在留カードなどのトラブルを防ぐため、法務省はコピーではなくカード原本による確認を指導しています。また必要に応じてカードはコピーを取り会社で保管しておくことをお勧めします。なぜなら、採用を内定した後に就労ビザの取得ができるかどうか、行政書士や弁護士等の入国管理業務の専門家に相談をする場合、在留カードのコピーがなければ彼らも判断ができません。以上、在留カードで応募者が適法に日本に在留していることが確認できたら、次は外国人雇用の手続きに入る上で最も重要なポイントを調査・確認します。

◆入社後に就く仕事が入管法上、就労ビザを取得できる内容（職種）なのか確認を

入管法では、外国人が日本国内において賃金の伴う就労活動を行うために取得しなければならない**就労系の在留資格**（就労ビザ「在留資格」は「ビザ」と呼ばれることが多いため、便宜上、本書で「就労ビザ」と記載した場合は「就労系の在留資格」と読み替えてご理解ください）は2018年3月現在、【図⑥-1】「就労が可能な在留資格18種類と在留期間」のとおり18種類あります。週28時間以内でアルバイト勤務等の資格外活動が可能な「留学」「家族滞在」や就労に原則制限がない身分に基づいた在留資格「永住者」等は含まれません。会社が雇用する外国人のスポンサーとなり、就労ビザを取得する外国人雇用において、申請・取得する在留資格は、【図⑥-1】内のいずれかとなります（外交官等が取得する「外交」と国際機関の公用従事者が取得する「公用」は一般企業・機関の雇用対象ではありませんが、入管法上はその他の在留資格と共に類型化されています）。

これら18種類の在留資格においては、個別の在留資格の中で行ってよいとされている職務内容が細かく定められています。例えば、留学生が卒業後に日本の企業に就職するために取得する最も一般的な在留資格は表中12の「**技術・人文知識・国際業務**」で、2016年に国内企業に就職した留学生21898人の内、89・3%にあたる17353人が取得しています。この「技術・人文知識・国際業務」の在留資格を取得した外国人が行うことが許されている職種は、システムエンジニアや

建築設計、企画、財務、マーケティング、通訳・翻訳業務、貿易・海外取引業務、民間の語学スクールの講師、服飾・インテリアデザイナー等が該当します。ちなみに、その他の在留資格も18の「技能実習」を除いて、「技術・人文知識・国際業務」と共に、いわゆる「**専門的・技術的分野の高度外国人材**」と言われる外国人が与えられる就労系の在留資格です。

これら就労系の在留資格では、個々の在留資格ごとに日本国内で就いてよい職務内容が決められています。したがって、会社が外国人を雇用して就労ビザを取得しようと決めたら、その外国人にやってもらう職務内容が「就労が可能な在留資格18種類」に規定されたものに確実に該当するかどうかを確認してください。例えば、IT企業が自社で外国人のシステムエンジニアを雇用したいと希望する場合、システムエンジニアの職務は「技術・人文知識・国際業務」に該当するため、就労ビザを申請することができます。

◎飲食店のホールスタッフやサービス業の販売職等、単純作業で就労ビザは取得できない

このように、就労系の在留資格（就労ビザ）を取得するためには、外国人が行う職種が「就労が可能な在留資格18種類」の中で、それぞれ定められたいずれかの職種であることが必要です。例えば、需要が高い飲食業のホールスタッフやサービス業における販売職では、該当する在留資格（該当職種）がないため就労ビザは取得できません。

	在留資格	その在留資格内で許されている活動内容	在留期間
1	外交	外国政府の大使、公使、総領事等とその家族等	外交活動を行う期間
2	公用	外国政府の職員等とその家族等	5年、3年、1年、3月、30日又は15日
3	教授	大学の教授、講師など大学や それに準ずる機関、高等専門学校などで研究、研究の指導又は教育を行う者	5年、3年、1年又は3月
4	芸術	画家、作曲家、著述家などその他芸術上の活動を行う者	5年、3年、1年又は3月
5	宗教	外国の宗教団体から派遣される宣教師など宗教家が行う布教その他宗教上の活動を行う者	5年、3年、1年又は3月
6	報道	外国の報道機関の記者、カメラマンなど外国の報道機関との契約に基づいて行う取材その他の報道上の活動を行う者	5年、3年、1年又は3月
7	経営・管理	企業の経営者・管理者等	5年、3年、1年、4月又は3月
8	法律・会計業務	外国法事務弁護士、外国公認会計士、弁護士、公認会計士、司法書士、税理士、弁理士など	5年、3年、1年又は3月
9	医療	医師、歯科医師、薬剤師、看護師、准看護師、保健師、助産師、歯科衛生士、診療放射線技師、理学療法士、作業療法士、視能訓練士、作業療法士、臨床工学技士、理学療法士、義肢装具士	5年、3年、1年又は3月
10	研究	政府関係機関や企業などの研究者など研究の業務を行う者（ただし、「教授」の活動に該当する者を除く）	5年、3年、1年又は3月
11	教育	小・中・高等学校、中等教育学校、特別支援学校、専修学校又は各種学校もしくはそれに準ずる教育機関の語学・その他の教育を行う教師など	5年、3年、1年又は3月
12	技術・人文知識・国際業務	システムエンジニア、技術開発・設計者など理学、工学、その他の自然科学分野の技術に関する業務を行う者 企画、財務、マーケティング、営業、通訳・翻訳、語学学校の講師、海外取引業務、服飾やインテリアデザイナーなど人文科学の分野に関する業務を行う者	5年、3年、1年又は3月
13	企業内転勤	外国の親会社・子会社・孫会社ほか関連会社などにあたる事業所から期間を定めて派遣される転勤者（技術・人文知識・国際業務に該当する活動を行う者）	5年、3年、1年又は3月
14	興行	歌手、ダンサー、俳優、ファッションモデル、プロスポーツ選手、サーカスの動物飼育員、スポーツ選手のトレーナー、振付師、演出家など興業にかかる活動を行う	3年、1年、6月、3月又は15日
15	技能	外国料理の調理師、貴金属加工職人、パイロット、外国に特有の建築士・土木技師、外国製品の修理技能士、動物の調教師、スポーツの指導者、ソムリエなど産業上の特殊な分野に属する熟練した技能を有する者	5年、3年、1年又は3月

	在留資格	その在留資格内で許されている活動内容	在留期間
16	高度専門職	1号　高度の専門的な能力を有する人材として次のイ〜ハまでのいずれかに該当する活動を行う者（日本の学術研究又は経済の発展に寄与することが見込まれるもの） （イ）日本の公私の機関との契約に基づいて研究、研究の指導もしくは教育をする活動又は当該活動と併せて当該活動と関連する事業を自ら経営し、もしくは活動機関以外の公私の機関との契約に基づいて研究、研究の指導もしくは教育をする活動 （ロ）日本の公私の機関との契約に基づいて自然科学もしくは人文科学の分野に属する知識もしくは技術を要する活動に従事又は当該活動と併せて当該活動と関連する事業を自ら経営する活動 （ハ）日本の公私の機関において貿易、その他の事業の経営を行い、もしくは当該事業の管理に従事する活動又は当該活動と併せて当該活動と関連する事業を自ら経営する活動 2号　1号の活動を行った者で、その在留が日本の利益に資するものとして、法務省令で定める基準に適合する者が行う次の活動 （イ）日本の公私の機関との契約に基づいて研究、研究の指導又は教育をする活動 （ロ）日本の公私の機関との契約に基づいて自然科学又は人文科学の分野に属する知識又は技術を要する活動に従事する活動 （ハ）日本の公私の機関において貿易その他の事業の経営を行い又は当該事業の管理に従事する活動 （二）2号（イ）から（ハ）までのいずれかの活動と併せて行う、「教授」「芸術」「宗教」「報道」「法律・会計業務」「医療」「教育」「技術・人文知識・国際業務」「興行」「技能」に掲げる活動　※2号の（イ）〜（ハ）までのいずれかに該当する活動を除く	1号 → 5年 2号 → 無期限
17	介護	介護日本の介護福祉士養成施設を卒業し、介護福祉士の資格を取得した者（※2017年月9月施行）	5年、3年、1年又は3月
18	技能実習	・技能実習第1号 ・技能実習第2号 ・技能実習第3号 ※2017年11月施行 上記1、2号、3号全て下記イ、ロのいずれかに分類。 （イ）海外にある合弁企業等事業場の関係を有する企業の社員を受け入れて行う活動 → 「企業単独型」 （ロ）商工会等の非営利団体の責任及び管理の元で行う活動 →「団体監理型」	1号 → 1年以内 2号・3号→ 2年以内

【図⑥-1】就労が可能な在留資格18種類と在留期間

	在留資格	その在留資格内で許されている活動内容	在留期間
1	文化活動	文化活動収入を伴わない日本文化の研究者や専門家の指導を受けてこれを習得する活動を行う者	3年、1年、6月又は3月
2	短期滞在	観光、ビジネス上の会議・業務連絡・講習会や会合への参加などの短期商用、親族・知人の訪問などを行う一時的な滞在者	90日、30日、15日又は15日以内の日を単位とする期間
3	留学	大学、短期大学、高等専門学校、特別支援学校の高等部、中学校、特別支援学校の中等部、小学校、特別支援学校の小学部、専修学校、各種学校ほかこれらに準ずる教育機関において教育を受ける学生	4年3月、4年、3年3月、3年、2年3月、2年、1年3月、1年、6月又は3月
4	研修	技術・技能又は知識習得のための研修生（「技能実習1号」及び「留学」に該当する活動を除く）	1年、6月又は3月
5	家族滞在	「教授」から「文化活動」までの在留資格をもって在留する外国人又は「留学」の在留資格をもって在留する外国人が扶養する配偶者、子供	5年、4年3月、4年、3年3月、3年、2年3月、2年、1年3月、1年、6月又は3月

【図⑥-2】就労ができない在留資格5種類と在留期間

	在留資格	その在留資格内で許されている活動内容	在留期間
1	特定活動	外交官、企業の経営者などの家事使用人（家政婦など）、卒業後に日本での就職活動を行う留学生、ワーキングホリデー、アマチュアスポーツ選手、ＥＰＡ協定に基づく看護師、介護福祉候補生、難民認定申請中の者など **※ただし、一定条件のもと就労可能**	5年、4年、3年、2年、1年、6月、3月又は5年を超えない範囲で法務大臣が個々の外国人について決定する期間
2	永住者	永住者法務大臣から永住を認められた者 **※就労に職種などの制限なし・就労時間・職種の制限もない**	無期限
3	日本人の配偶者等	日本人の配偶者、実子、特別養子（日系2世など含む） **※就労に職種などの制限なし・就労時間・職種の制限もない**	5年、3年、1年又は6月
4	永住者の配偶者等	永住者の配偶者等永住者の配偶者等 **※就労に職種などの制限なし・就労時間・職種の制限もない**	5年、3年、1年又は6月
5	定住者	インドシナ難民、日系3世、外国人配偶者の実子など法務大臣が特別な理由を考慮して一定の在留期間を指定し居住を認める者 **※就労に職種などの制限なし・就労時間・職種の制限もない**	①5年、3年、1年又は6月②5年を超えない範囲で法務大臣が個々の外国人について指定する期間

【図⑥-3】その他の在留資格5種類と在留期間

したがって、これら一般的に単純作業といわれる職種で外国人を雇用したい場合は【図⑥-1】の就労系の在留資格ではなく、【図⑥-2】「就労できない在留資格5種類」の「留学」や「家族滞在」、**就職活動中の**「**特定活動**」の在留資格を持つ外国人を短時間アルバイト（上限は週28時間以内。ただし、留学生の場合は、夏期休暇など長期休暇中は一日8時間、週40時間以内までは就労可能という特例あり）として雇用するか、または【図⑥-3】「その他の在留資格5種類」の内、「日本人の配偶者等」「永住者」「永住者の配偶者等」「定住者」といった就労分野や就労時間に制限のない在留資格を持つ外国人を採用するしかありません。なお、留学生のアルバイト制限については、前述【図⑤】「在留カード・特別永住者証明書の見方」の②就労制限の有無でも詳しく解説しています。

◎採用時はもちろん、入社後の配置転換にも注意が必要

【図⑥-1】「就労が可能な在留資格18種類」のいずれかを保持して在留している外国人は、保持している在留資格内で許されている職務のみで就労することができます。したがって、保持している在留資格で許可されていない職務を行うと、入管法上「**資格外活動**」という不法就労行為となってしまいます。例えば「教育」という在留資格で高校の英語教師として就労している外国人が、週末に民間の英会話スクールでアルバイトの英語講師として勤務するようなことも、資格外活動として違法行為にあたります。なぜならば、民間の語学学校で講師として就労活動する場合に該当する

在留資格は「技術・人文知識・国際業務」であり、外国人が本来保持している「教育」とは別の在留資格の活動になるからです。ただし、この場合は入国管理局に対し外国人本人が「資格外活動許可」を申請し、許可されればアルバイトの語学スクール講師を行うことができる場合もあります。

また資格外活動については、外国人を雇用する企業にとっても注意すべき重要な点があります。前述のとおり、雇用主企業は外国人が保持している在留資格の範囲内でのみ自社の業務を行わせることができますが、範囲外の業務や職務を行わせることはできません。したがって、例えば自社の研究職として就労する外国人社員（保持する在留資格は「研究」）を人事異動で営業やマーケティングなど異なる職務に配置転換しようとする場合、事前に入国管理局に対して、現在の在留資格「研究」から営業やマーケティングの職務を行うことができる在留資格「技術・人文知識・国際業務」に変更申請をして許可を受けなければいけません。もし、許可を得ずにこのような不適切な人事異動を行って実際に社員を就労させてしまうと、場合によっては雇用主の会社が「不法就労助長罪」に処せられる可能性もあります（入管法第73条により3年以下の懲役又は３００万円以下の罰金が科されます）。

以上のように、外国人社員に関しては日本人と同じようにどんな職種で雇用しても、また雇用後も会社の都合でどんな職種に配置転換をしてもいいというわけではありません。入管法では、外国人社員が配置転換で職種を変更した場合、在留資格変更の必要がある、あるいは対象社員の学歴や職歴などの条件によっては在留資格変更の要件を満たさず、そもそも変更が認められないというケースもあります。そのようなケースでは、雇用主企業や外国人が入管法の知識を持っていないことによって当事者の本意ではないものの、結果的に不法就労行為を犯してしまうということにもなりかねません。そうしたリスクを避けるためにも、外国人本人はもちろんですが、雇用する会社も入管法の基本的な知識はしっかりと身につけておきたいものです。

◆「技術・人文知識・国際業務」は最も一般的な就労系の在留資格、分野ごとに取得要件も異なることに気をつける

ここで、【図⑥-1】「就労が可能な在留資格18種類」の中の一つ「**技術・人文知識・国際業務**」について説明しておきます。この在留資格を持つ外国人は約127万8000人の全労働者の内180367人で（2017年10月末）、全体の14％を占めています。18種類中「技能実習」を除く17種類を持っている外国人労働者は、いわゆる「**専門的・技術的分野の高度外国人材**」と呼ばれるのですが、そのほとんどが保持している在留資格が「技術・人文知識・国際業務」なのです。全17種類の就労系在留資格の保持者23万8000人の内、「技術・人文知識・国際業務」の保持者は

18万人なので、実に約75％の高度外国人材がこの在留資格を持ち日本で就労しています。
また、日本の大学などを卒業した留学生が取得する在留資格としてもこの「技術・人文知識・国際業務」が最多です。前項でも説明したように、２０１６年に国内企業に就職した全留学生の89％はこの在留資格を取得しています。

外国人が行うことが許されている職種は、エンジニアや設計、企画、財務、マーケティング、通訳・翻訳業務、貿易・海外取引業務、または民間の語学スクールの講師、服飾デザイナー等とその範囲がとても広く、「技術・人文知識・国際業務」は一つの在留資格ではあるものの、その中で「技術」「人文知識」「国際業務」の3分野に分かれています。そして、分野ごとに就労が許可される職種や就労ビザを取得できる要件などが異なるのです。そのため、この「技術・人文知識・国際業務」については、お客様からもしばしば「範囲が広くてわかりにくい」と相談を受けることが多いのです。

したがって、ここでは「技術・人文知識・国際業務」に関して、三つの分野ごとに就労ビザが取得できる職種や取得要件などを整理しておきたいと思います。もちろん、会社が外国人を雇用するときに申請する在留資格は「技術・人文知識・国際業務」だけではありません。研究機関が研究者を雇用するときには「研究」、大学等の高等教育機関が教授や講師を雇用するときには「教授」、飲食店が外国料理のコックを雇用するときには「技能」、プロモーターが外国人芸能人を招聘するときには「興行」、あるいは海外の親会社・子会社等から役員や転勤者を招聘する場合は「経営・管理」や「企業内転勤」など、職種によって様々な在留資格で就労ビザを申請します。

そうは言っても、実際に就労ビザ保持者の75％が持っている在留資格は「技術・人文知識・国際業務」です。筆者も開業以来、様々な業種・規模の企業から就労ビザ申請代行の依頼をいただいていますが、申請する在留資格の8割程度がこの在留資格です。このように、外国人を雇用する企業にとって最も馴染み深く基礎知識を持っておいた方がよい在留資格だと思いますので、以下の【図⑦】を参考に理解を深めてください。

◆職種が就労ビザ取得条件にマッチしたら、次は外国人本人の学歴や職歴条件の確認を

◎必要な学歴要件

雇用する外国人の職務が就労系の在留資格のいずれかにあてはまることを確認したら、次にその在留資格を取得するために必要な学歴や職歴などの諸要件を外国人本人が満たしているかを確認します。入管法では**各在留資格で定められた職務で雇用する場合、雇用される外国人の学歴や職歴など個人のバックグラウンドがその職務内容と一致していなければ就労ビザは許可されません。**

例えば、外国人がＩＴ企業にシステムエンジニアとして就職するために取得する在留資格は「技術・人文知識・国際業務」ですが、この場合に外国人本人に必要な基本条件は【図⑦】のとおり、システム設計という職務に直結する情報工学に関連した科目を専攻し4年制大学（学士号：日本または海外の大学問わず・短期大学も含む）、あるいは日本国内の情報工学系の専門学校（専門士：日本国内の専門学校のみ対象）を卒業していることです。

ただし最近の入管法制では、「留学生の在留資格「技術・人文知識・国際業務」への変更許可のガイドライン（法務省入国管理局・平成29年7月改訂）」でも開示されているとおり、日本の4年制大学を卒業した外国人留学生については前述の職務と専攻科目の関連性に関して柔軟に判断するとして、職務と専攻科目の関連性が必ずしも完全一致しない場合でも許可を出すケースがあります。

◎日本の専門学校卒業者が就労ビザを取得する条件

就労ビザを取得するために必要な学歴要件の一つに、日本国内の専門学校を卒業した「専門士」があります。ただし、専門士であればどんな職種でも、また専攻科目が何であっても就労ビザが取得できるのかというと、そうではありません。【図⑧】をご覧ください。まず専門士の場合は、就労ビザを取得できる職種が記載されている分野に限定されています。加えて、入社後に担当する職務と専門学校で専攻した科目が完全に一致していることが就労ビザ取得の絶対条件であり、この点

在留資格「技術・人文知識・国際業務」のしくみ			
	①「技術」分野	②「人文知識」分野	③「国際業務」分野
就労ビザが取得できる職種	・システムエンジニア・各種技術開発・設計士等の技術者職全般 ※ 上記職種は例示	・企画・財務・会計・マーケティング・広報・営業等の総合職業務全般 ※ 上記職種は例示	・通訳・翻訳・語学指導・貿易業務・海外営業・海外取引・服飾やインテリアデザイン・商品開発等
取得要件	次の①②のいずれかを満たす必要がある。 ①就職する職務に関連した自然科学（理科系）分野に関連する専攻科目を履修して大学（海外の大学・国内の短期大学、海外の短期大学相当の教育機関を含む）を卒業していること。 ※代表的な専攻科目数理、物理、化学、地質科学、機械、情報工学、建築、薬学等理科系一般。 ②就職する職務に関連した職務経験が「10年以上」あること。	次の①②のいずれかを満たす必要がある。 ①就職する職務に関連した人文科学（国語系）分野に関連する専攻科目を履修して大学（海外の大学・国内の短期大学、海外の短期大学相当の教育機関を含む）を卒業していること。 ※代表的な専攻科目経営学、法学、社会学、語学、心理学、教育学（体育学含む。）歴史学等人文学系一般。 ②就職する職務に関連した職務経験が「10年以上」あること。	次の①②両方を満たす必要がある。 ①上記の業務で「外国の文化に基盤を有する思考又は感受性を必要とする業務」であること（日本人は持ちえない、外国人ならではの思考や感受性が必要な業務であること）。 ②就職する職務について「３年」以上の職務経験があること。 ※通訳・翻訳及び語学指導に、大学（短期大学含む）以上の教育機関を卒業した者が就く場合、職務経験は必要ない。また専攻科目も制限はない（理系・人文系問わず、学士号以上の取得者は通訳・翻訳・語学指導者として就労ビザが取得できる）。 ※通訳・翻訳、貿易・国際取引業務などに代表される「国際業務」として就労ビザを取得するためには一定の日本語能力が必要。
※「専門士」の就労ビザ取得 日本国内の「専門学校」を卒業し、「専門士」の資格を取得した者も各分野の在留資格を取得できるが、職種が限定されている。 「専門士」の就労ビザ申請に関しては、後述、「◎ 日本の専門学校卒業者が就労ビザを取得する条件」を参照。			

※１つの在留資格の中で３分野に分かれている

【図⑦】在留邦人「技術・人文知識・国際業務」のしくみ

分　野	専門学校における専攻科目と就労できる職種	就労ビザ取得の可能性と在留資格
医　療	専攻学科：看護、歯科衛生、診療放射線、作業療法、理学療法等 職種：看護師、歯科衛生士等	○ 「医療」 ※国家試験合格が取得条件
商　業 実　務	専攻学科：ビジネス、観光・ホテル、経理・簿記、その他商業実務 職種：企画、財務、経理、貿易業務、マーケティング業務等	○ 「技術・人文知識・国際業務」
服飾等	専攻学科：ファッションデザイン、室内デザイン等 職種：服飾・内装デザイナー等 ※３年以上の職務経験が必要。	
文化・ 教　養	専攻学科：外国語通訳・翻訳、ガイド等 職種：通訳・翻訳業務、観光ガイド等	
工　業	専攻学科：情報処理、機械、電気・電子、建築、自動車整備等 職種：エンジニア、設計者、自動車整備士等	
クール ジャパン	専攻学科：ファッションデザイン、アニメーション、マンガ 職種：服飾デザイナー、アニメーター・漫画家 （絵コンテ・原画の創作的主体的な活動）	
社　会 福　祉	専攻学科：介護福祉士養成施設（専門学校）の介護福祉士専門コース 職種：介護福祉士	○ 「介護」 ※国家試験合格が取得条件
教　育	専攻学科：保育、幼児教育 職種：保母	×
美　容	専攻学科：美容・理容、エステティック等 職種：美容師、エステティシャン	×
服飾等	専攻学科：被服、和裁、手芸等 職種：縫製、和裁他手芸	×
調理・ 製菓等	専攻学科：栄養、製菓、製パン、調理等 職種：栄養士、パティシエ、パン職人等	× ※「特定日本料理調理活動」制度（農林水産省の認定必要）により、日本料理の調理師学校に留学、調理師免許を得た場合、「特定活動」の就労ビザが取得できる可能性がある（2014年～）。

※○ → 就労ビザの申請ができる（個別の申請内容によるが許可がおりる可能性が高い）。
　× → 就労ビザの申請はできない（該当する在留資格が存在しない）。

【図⑧】専門学校の卒業生が就労ビザを取得できる専攻科目

について例外はありません。

例えば、「工業」分野の職種であるＩＴエンジニアとして専門士を雇用する場合は国内の専門学校で情報工学を専攻し専門士の資格を持っている、ホテルなどが外国人対応のコンシェルジェや宿泊客対応の日本語通訳を雇用する場合は「観光学科」「日本語通訳学科」、インテリアデザイナーや服飾デザイナーであればインテリア・服飾専門学校卒業の専門士でなければ在留資格変更は許可されません。専門学校卒業者の場合は、留学ビザから就労ビザへの変更申請に関して、前述の学士号以上の留学生のように、職務と専攻科目が必ずしも一致しなくても一定の柔軟性をもって許可を得られるという緩和措置が適用されないのです。

したがって会社が専門学校の卒業者を雇用する場合、まずは採用後に担当させる職務内容について就労ビザが取得できる分野・職種であるのか、その上でその分野に直結した科目を専攻した専門士なのか、大学卒業者以上に注意深く確認した上で採用することが重要です。また、雇用後の配置転換に関しても、専門学校卒業者の場合は大学卒業者以上に就労できる職種の範囲が狭いことを常に留意し、資格外活動とならない適正な配置転換を行うよう心掛けてください。

◎既卒者の場合は、学歴要件を満たせなくても職歴要件で満たす場合も

留学ビザから就労ビザへ変更する新卒者や既卒の転職者も含め、外国人が就労ビザを取得するた

めには、基本的に専門学校卒業以上の学歴が必要です。ただ、そうした学歴がない場合でも、例外的に職務経験によって要件を満たすことが可能です。

【図⑦】からもわかるとおり、例えば前出のＩＴエンジニアや一般企業で総合職として経営企画、財務、マーケティング職などとして働く外国人が取得する在留資格「技術・人文知識・国際業務」は基本的にそれぞれの職種に関連する科目を専攻した専門士以上の学歴が取得の条件です。しかし、そのような学歴がない場合でも、関連する業務に就いて働いた職務経験が「10年以上」あれば「技術・人文知識・国際業務」が許可されて就労できる可能性があります。この10年という職務経験には、企業で実際に働いた期間はもちろん、大学や高等学校、中等教育学校の後期課程や専修学校（海外の教育機関も含む）で関連する科目を専攻した期間があれば、その期間も加算することができます。

このように、学歴要件ではなく職務経験によって就労ビザを許可されるケースとしては、海外から来日する既卒の外国人が本国では4年制大学を卒業してはいないが、関連する職種（例：ＩＴエンジニアや企画業務などの総合職）で10年以上の職務経験があり、就労ビザ申請において、**職務経験を証明する資料を提出して認められ許可を受ける**というような場合です。なお、この入国管理局に提出する「職務経験を証明する書面（在職・退職）証明書」を作成・発行するのは、外国人が以前に在籍していた海外・日本国内の企業・機関です。一概に「在職証明書」といっても、記載項目を含め会社ごとに様々な様式の証明書の様式があります。

しかし、職務経験を証明するため入国管理局に提出する在職証明書には、必ず記載しておかなければならない幾つかの重要な項目があります。証明が必要な重要項目が漏れている証明書では、職務経験が認められず就労ビザの許可がおりません。【図⑨】に就労ビザを取得するために必要な項目をカバーした在職証明書の記載例を挙げていますので、学歴要件ではなく職歴要件を証明して就労ビザの申請をするときには参考にして下さい。

就労ビザ申請にあたり、予め記載例のような在職証明書のフォーマットを前職の人事担当者に送り作成・発行してもらえば、間違いのない証明書を入手できます。なお、職務経験によって取得できる就労ビザは「技術・人文知識・国際業務」の他に「技能」（外国料理のコック、ソムリエ、各種スポーツの指導者等）や「企業内転勤」などもあり、それぞれの在留資格や職種によって求められる職務経験年数も異なります。本書では、外国人を直接雇用する企業が最も多く申請する「技術・人文知識・国際業務」に絞って解説しています。

◎通訳・翻訳業務などの「国際業務」は専攻科目に関係なく、
　４年制大学卒業者なら就労ビザが取得できる

商社や海外取引を行っている企業が外国人を通訳や翻訳の専任担当者として雇用することも多い

September 1, 2017/2017 年 9 月 1 日
※発行日付は必ず記入してもらいます。

Certificate of Employment/ 在職証明書

Name:	Mark Smith
被雇用者氏名：	マーク・スミス
Nationality:	British
国籍	イギリス
Date of birth:	April 12, 1984
生年月日	1984 年 4 月 12 日
Date of Employment:	September 1, 2007
入社日	2007 年 4 月 1 日
Date of Resignation:	May 31, 2017
退職日	2017 年 5 月 31 日
Position:	Product Marketing Engineer
職務	プロダクト・マーケティングエンジニア

※職務はできるだけ具体的に記載してもらいます。職務経験の証明が必要な職種の場合、入国管理局が許可・不許可の判断をするために必ず必要な項目です。

Years of Continuous Employment:	Years : 10	Months : 2
勤務期間	年：10 年	月：2 か月

I hereby certify that the above statement is true and correct.
上記記載事実を証明します。

<Signature>署名

Robert Carper
証明書発行者氏名
CEO, Managing Director
発行者の役職
ABC Corporation
1-2-3, Marunouchi, Chiyoda-ku, Tokyo 111-2222
Contact (Tel): 81-3-XXXX-XXXX
会社名
会社所在地
連絡先電話番号

※会社代表者や人事部代表者など証明書の発行者の署名と連絡先を記載します。入国管理局から在籍確認の連絡（電話など）がいくことを想定して、在籍証明書の事実内容を確実に証明してくれる発行者か責任部署（人事部など）の連絡先も入れておくといいでしょう。

※会社代表者や人事部代表者など証明書発行者の署名と連絡先を記載します。入国管理局からの在籍確認の連絡（電話など）があることを想定して、在職証明書の事実内容を確実に証明してくれる発行者か責任部署（人事部など）の連絡先も入れておくとよいでしょう。

※記載例は一例です。この様式でなければ入国管理局が受け付けないわけではありません。

【図⑨】入国管理局に提出する在職証明書・記載例（日英）

でしょう。その場合、取得する在留資格は「技術・人文知識・国際業務」です。通訳・翻訳業務はエンジニア（「技術・人文知識・国際業務」の「技術」分野に該当）や経営・企画・財務等（「人文知識」分野に該当）と異なり、該当する分野「国際業務」にあたります。「国際業務」を行う場合は**原則的に、同様の業務で「3年以上」の職務経験がなければなりません**。ただし、通訳・翻訳・語学指導の「国際業務」には特例があり、学士以上の新卒者や既卒（学士以上）の転職者を雇用する場合は、同様の業務に関する3年の職務経験は必要ありません。また、大学で専攻した科目と職務の関連性の条件も適用されません。つまり、通訳・翻訳・語学指導業務については、理数系・人文学系どのような学科であっても、学士号以上の学位を持っていれば就労ビザは取得できます。

ここで注意が必要なのが、日本の専門学校を卒業した専門士についてです。専門士の学歴を持つ外国人を通訳・翻訳業務専任で雇用する場合は、専門学校で専攻した科目が「日本語通訳学科」であることが必須要件で例外はありません。ただし、専門学校での専攻科目が「日本語通訳学科」でない場合でも職務経験が条件を満たせば就労ビザは可能です。

例えば、母国で母国語と日本語の通訳業務の職務経験が3年以上ある外国人（通訳業務でフルタイム勤務の就労経験が必要です。短時間・短期間アルバイト等の副業程度では認められません）が日本の専門学校に留学し、通訳業務に全く関係のない分野を専攻して卒業した場合であっても、通訳の職務経験3年以上という条件は満たしているので、「技術・人文知識・国際業務」を申請して許可される可能性はあります。

◆**留学生は就労ビザに変更するための「在留資格変更許可申請」を**

ステップ2を通して御社が採用したいと希望している外国人が「就労ビザを取得できそうだ」と判断できたでしょうか。判断できた場合には、次に候補者との間で「雇用契約書」を作成し双方の合意を経て署名・押印作業を行います。その後、合意した雇用契約書を含め様々な添付資料を管轄の入国管理局に提出し、就労ビザを取得するための審査を受けることになります。日本国内の教育機関を卒業した留学生が現在持っている在留資格「留学」を、就労可能な在留資格のいずれかに変更する手続きを「**在留資格変更許可申請**」と言います。このときの申請先は、留学生の住所地を管轄している入国管理局や支局・出張所です（会社の所在地ではありません）。

留学生の在留資格変更申請は、卒業時期が3月の場合、各入国管理局にもよりますが基本的に前年12月から申請受付が始まります。ただし、このように卒業の4か月前から申請して事前に審査を受けることはできますが、就労ビザへの変更は（許可される場合であっても）正式な許可を受けられるのは大学等を卒業した後の最短で3月末になります。また入管法上、在留資格変更申請を行う申請人は留学生本人ではあるのですが、雇用主である会社が押印する書類や提出する書類（前出の雇用契約書をはじめ会社の税務関連書類や決算書、登記事項証明書等）も数多くあります。したがって、当然、就職先が決まらなければ在留資格変更申請はできません。留学生の留学ビザを就労ビザに変更する申請は、内定を出した会社が本人と一緒に手続きを進めていくことになります。

◆転職の外国人は、状況に応じて
「在留資格変更」「就労資格証明書」「在留期間更新」のいずれかを検討

では、既に日本に在留している既卒の外国人を中途採用で雇用する場合は、どのように手続きを進めればいいのでしょうか。採用する外国人にやってもらう職種と学歴・職歴の確認、雇用契約書の取り交わしまでのプロセスは、留学生を採用するケースと同じです。雇用契約書の取り交わしの後で行う入国管理局に対する手続きが異なるのです。これについては、候補者に関する個別の事情によって次の3パターンに分かれます。

①現在持っている在留資格で許可されている職種とは別の職種で雇用する場合
～「在留資格変更申請」が必要～

転職後に就かせる職種が、本人が現在持っている就労系の在留資格で許可されている範囲から外れている場合は注意が必要です。このようなケースでは、その外国人を現状のまま採用して働いてもらうことはできません。入国管理局に対して、本人が持っている就労ビザを転職先の会社で合法的に就労できる就労ビザに変更する必要があります。具体的には入社「前」に新たに就かせる職種（在留資格）が【図⑥-1】就労が可能な在留資格18種類のうち、「技能実習」を除いた在留資格のいずれかに該当するかどうか確認します。次に本人がその在留資格を取得できる学歴や職歴などの要件を満たしているかどうかも確認しましょう。

これらを全て満たしていれば、就労活動の内容を変更する「**在留資格変更許可申請**」を行うことができます。例えば高等学校等の教育機関が、現時点で「技術・人文知識・国際業務」を持っている外国人を語学専任教師として採用するケースを考えてみましょう。高等学校などの教育機関に所属する語学教師の在留資格は「教育」です。採用予定者が持っている在留資格とは種類が異なるため、この場合は外国人が「技術・人文知識・国際業務」から「教育」への在留資格変更許可申請をして許可を受けなければいけません。許可されれば、新たな在留資格が付与された時点から転職先での就労が可能となります。なお、在留資格変更が認められなければ採用予定者を予定の職種で雇用することはできません。

②現在持っている在留資格で許可されている職種で雇用する場合

外国人が就労系の在留資格（就労ビザ）を持っている場合、転職先の職務がその在留資格で許可されている活動の範囲内の職種であり且つ許可されている在留期限内であれば**転職は自由**です（「高度専門職」「技能実習」等一部の在留資格は除きます）。例えば「技術・人文知識・国際業務」を保持し、ＩＴエンジニアとしてＡ社で働いていた外国人Ｂさんが全く同じ職種でＣ社に転職するような場合です。このようなケースは前項①のケースと異なり、Ｃ社が転職後に就かせる職種は本人が現時点で持っている就労系の在留資格で許可されている職種であるため、入管法上は入国管理局に対して基本的に何も手続きをする必要はありません。多くの場合は、次回の在留期間更新の時期が来た時点で転職先に関する資料等を添付して、**在留期間更新許可申請**を行えば大きな問題は起こらないでしょう。

ただし、そうは言っても次回の在留期間更新申請のときには、改めて本人の就いている仕事内容のみならず転職先企業に関する様々な審査も同時に行われます（転職先に関する審査については次項参照）。また、就労ビザを取得・更新するにあたっては、こうした就職先企業に関する要件だけではなく、就職先で就く職務内容など様々な観点から審査を受けることになります。転職の結果、次回の「在留期間更新申請」が不許可（就労ビザの更新ができない）となってしまう可能性もゼロではありません。実際に筆者もこうした転職後初めての在留期間更新申請で、審査の結果、転職先企業での在留期間更新が認められず、会社側は雇用の継続ができず退職を余儀なくさせられるというケースを幾つか見てきました。

そのような残念な結果にならないよう、外国人を採用する会社としてはリスク回避策として、同じ職種内での雇用であっても、入国管理局に対して次のような手続きがあることを知り、必要に応じて予め対応しておく必要があります。まずは、前出の【図⑤】在留カード表面の③在留期間（満了日）を見てください。そして、そこに記載されている外国人の在留期間の残り期間を確認してください。在留期間の残り期間によって、次の二つの方法があります。

②-1　採用時に在留期限が「6か月」以上残っている場合
～「就労資格証明書」を取得しておくと安心～

この場合は「**就労資格証明書交付申請**」を行った方が安心です。「[*9]**就労資格証明書**」というのは、簡単に言うと入国管理局から発行された「**転職許可証明書**」だと理解してください。入国管理局が外国人に就労ビザを許可する際には外国人本人と雇用する会社両方に関して審査を行います。前出の例で言うと、外国人Bさんが入国管理局から「技術・人文知識・国際業務」の資格と在留期限「3年」を許可され、ソフトウェア開発会社のA社でＩＴエンジニアとして働いていたものの、在留期限3年の内の1年を過ぎた頃に、同じくＩＴエンジニアとしてソフトウェア会社C社に転職したとします。

この場合、同じ「技術・人文知識・国際業務」という在留資格に該当する同職種内での転職なのでC社に転職することは違法ではありません。基本的には、現在の在留期限が切れる2年後に「在留期間更新申請」をすればいいのです。ただし、本来Bさんが持っている在留資格と期限は、あくまでも前の勤務先であるA社での就職に関して許可されていたものなので、2年後には改めて入国管理局による転職先C社の審査を受けなければならないのです。したがって、2年後の在留期限更新申請時に、たとえ外国人Bさん本人には全く問題がなくても、転職先のC社側の問題（会社の経営状態・業績等）から在留期間の更新許可が下りない、結果、日本に引続き在留することができないということになる可能性もゼロとは言えません。

また、たとえ雇用主企業に問題はない場合でも、前出の例と異なり、転職先での職務内容が転職前の職務内容と微妙に変わる場合は注意が必要です。外国人雇用を行っている企業の中には、在留資格の変更が必要だと判断できない場合、現在持っている就労ビザで雇用が可能だろうと安易に採用してしまう会社もあるようです。実はこうした対応はリスクが大きいのです。なぜなら、転職後に行う在留期間更新申請で、そもそも転職先での職種が現在持っている在留資格で行える業務ではないと、入国管理局によって申請が却下されてしまう可能性があるからです。そのような状況に陥ることを防ぐために、就労資格証明書の手続きがあります。

就労資格証明書交付申請とは、外国人が持っている現在の在留資格内の職種で雇用する場合でも、転職前あるいは転職後に雇用会社（転職先）の関連資料等を添付して、入国管理局に就労資格証明書の交付申請を提出し、予め転職先や転職先での職務内容に関する審査を行ってもらい、許可証明書（就労資格証明書）を得ておくしくみです。この証明書を得ておくことによって、採用した外国人の次回の在留期間の更新申請をスムーズに行うことができるようになっています。つまり、この証明書を事前に取得しておけば、次回の在留期間更新申請時には転職先会社に関する調査が大幅に省略され、結果的に審査にかかる期間の短縮にもつながります。何よりも、審査結果が不許可になる可能性が激減すると言っていいでしょう。

このように、就労資格証明書を取得しておけば、ひとまずは安心です。雇用後初めての在留期間更新時に「転職先での在留期限更新は不許可」という心配がほぼなくなるので、雇用する会社にとって、また転職してくる外国人にとっても転職によって就労ビザを失うリスクを避けられます。なお、入管法では外国人が現在持っている在留資格の範囲内の職種で転職する場合は、この就労資格証明書を必ず取得しなければならないと義務付けているわけではありません。前述のとおり、転職先で就労させる職務内容が現在保持している在留資格内のものであり、また、在留期限内であれば就労資格証明書を取得させることなく雇用することは合法です。ただ、入国管理局は転職の際にはできるだけ就労資格証明書を取得するようにと推奨しています。

それに、せっかくこのような効率的なしくみがあるのですから、採用する外国人材が転職で負う就労ビザの心配とリスクを軽減するために、雇用主が主導した上で就労資格証明書を申請・取得しておくことをお勧めします。なお、転職に伴う就労資格証明書交付申請を行うかどうかの目安としては、外国人が現在持っている在留期限が残り6か月以上ある場合に、行っておいた方がいいと思います。なぜなら、入国管理局に就労資格証明書交付申請をして審査結果が出るまでに、通常、2週間から2か月程度の時間がかかります（転職先の企業規模によります）。

ただし、無事に就労資格証明書が交付されて転職に問題ないとお墨付きをもらえても、現在持っている在留期限の切れる時期には、改めて在留期間更新申請（就労ビザの延長）を別途行う必要があるのです。就労資格証明書が許可されたからといって、自動的に在留期間が更新されるわけではありません（ただし、就労資格証明書が事前に交付されていれば、既に転職に関する審査は完了しているため、その後の在留期間更新の審査は簡素化され、スムーズな許可を受けられるようになっています）。

したがって、在留期限が残り6か月を切っているような場合に、就労資格証明書交付申請を行って1～2か月を経て許可が出ても、すぐにまた入国管理局に出向いて在留期間更新申請を行わなければいけなくなります（在留期間更新申請は在留期限が満了する3か月前から行うことが可能です）。以上のことから、在留期限が6か月以上残っている場合に就労資格証明書を申請し取得しておく方が効率的です。

②-2　採用時に在留期限が残り6か月を切っている場合
～「在留期間更新許可申請」で転職に関する入国管理局の審査を受けることが現実的～

この場合は正直微妙なところですが、前出の就労資格証明書の交付申請を行わず、次回の在留期間更新（就労ビザの延長）時に、転職先の企業に関する資料など定められている提出書類を入国管理局に提出し、同様の在留資格内で**在留期間更新許可申請**をする方がいいでしょう。なぜなら、前述のとおり就労資格証明書交付申請を行って、証明書を取得しても、その後、現在持っている在留期限が切れるときに改めて在留期間更新申請を行わなければなりません。

外国人が入国管理局に対して、在留期間更新申請をしなければいけない時期は、在留カードに記載されている、現存の在留期間（満了日）から遡《さかのぼ》って3か月前から満了日までの間です。したがって、就労資格証明書を申請・取得した後、間をおかずに在留期間更新申請をするという二重手間を避けるために、新しく雇用した外国人の在留期間が残り6か月を切っている場合、転職後、在留期間更新申請が可能な在留期間（満了日）の3か月前になった時点で早急に更新申請を行い、通常の期間更新と転職に関する審査を併せて受けるとよいでしょう。

在留期間更新申請の審査結果が出るまでに早くて2週間から長い場合は1～2か月かかることもありますが、無事に在留期間が更新できればこういった二重の手間がかかることなく、その後も安心して雇用を継続できます。以上のように、転職してくる外国人のために雇用主が就労資格証明書あるいは在留期間更新申請のいずれのサポートをするのか、転職時における在留期間の残り期間を確認して検討してください。

【海外にいる外国人を呼び寄せて雇用する場合】
（海外にいる既卒外国人を採用するケース）

●〈ステップ2〉本人の学歴・職歴を確認し、就労ビザ取得が可能かどうか事前調査をする

◆海外にいる外国人を呼び寄せて雇用するためには、「在留資格認定証明書」申請を

◎在留資格認定証明書とは？

既に日本に在留している留学生を採用するときには、在留資格の変更（就労ビザの取得）ができるかどうか、または既卒の転職者を採用するときには、適正な在留資格を持っているかどうかを在留カードの確認によって判断することが重要でした。それでは、現在はまだ海外にいる外国人を採用し、日本に呼び寄せて働いてもらうためにはどのような手続きが必要なのでしょうか。

海外にいる外国人が就労目的の査証（ビザ）を得て日本に入国する場合、二つの方法があります。

一つは外国人本人が直接、海外にある日本大使館・領事館（外務省）に就労目的の査証（ビザ）申

請をし、発給を受ける方法です。ただし、こちらは発給に要する期間の長さと手続きの複雑さから、一般的な就労目的の入国手続にはほぼ用いません。もう一つの方法が本書で紹介する、海外の外国人を招聘するために一般的に使われる「**在留資格認定証明書交付申請**」という手続きです。「在留資格認定証明書」（Certificate of eligibility）とは、海外にいる外国人を呼び寄せて雇用するために必要な資格証明書のようなものだと考えるとわかりやすいでしょうか。

現在はまだ海外にいる外国人を雇用しようとする企業が、採用予定の外国人及び雇用主（企業）に関して日本国内で法務省による事前審査を受け、審査の結果「この外国人は日本で就労ビザを取得する資格があり、雇用主の企業も就労ビザのスポンサーとなる資格を満たしていますよ」という許可が出たときに発行される証明書が、「在留資格認定証明書」です。

◎外国人の呼び寄せは、在留資格認定証明書を取得しておけばスムーズに

在留資格認定証明書の申請手続の流れと方法については第3章で解説します。手続きの概要は、まず日本にいる雇用主の団体が申請代理人として必要な提出書類を入国管理局に提出し「在留資格認定証明書交付申請」を行います（外国人本人が日本にいる場合は本人が申請人として行うこともできます）。入国管理局による審査の結果「在留資格認定証明書」が交付されると、証明書の原本を海外にいる外国人に送付します。受け取った外国人本人が、在外の日本大使館・領事館におい

て自身のパスポートと共に在留資格認定証明書を提示することによって、査証（ビザ）が即日あるいは数日以内に発給されるという流れです（各国の大使館等によって発給に要する期間は変わります）。査証（ビザ）の発給を受けた外国人は来日し、空港で入国審査の際に査証（ビザ）と在留資格認定証明書（原本）を入国審査官に提示、正式に「在留資格」と「在留期限」を付与されます（在留カードの交付）。付与された在留資格が、就労系の在留資格（就労ビザ）であればその外国人は日本に入国して、在留資格を与えられた日（入国日）以降「日本で働いてよい」という資格を得たことになります。

以上、「在留資格認定証明書」を交付されているということは、その外国人は入国前に日本政府による「上陸（日本に入国すること）許可の審査が完了している」（就労系の在留資格の場合は「就労ビザを許可する審査は完了している」）ということの証明です。海外にいる外国人を日本に呼び寄せて雇用する場合、予め日本でこの証明書を取得しておくことによって外国人の在外日本大使館等での査証（ビザ）の取得手続と入国手続を迅速化することができます。現在、海外に在住する外国人を呼び寄せて雇用する企業のほとんどは、この証明書の交付を受けることで就労ビザを取得しています。

ただし、在留資格証明書の交付を受けていてもその後、在外大使館等での査証（ビザ）が確実に発給されると保証されているわけではありません。在留資格認定証明書が交付されていても、様々な事情により稀に在外日本大使館で査証（ビザ）が発給されないというケースもあるようです。その場合はせっかく在留資格認定証明書を取得しても、就労のために来日することはできません。しかし、少なくとも筆者が取り扱った申請ではそのような事例は経験していませんので、この点はあまり心配しなくてもいいのではないかと思います。

◆在留資格認定証明書（就労ビザ）が取得できるか、職種と本人の学歴・職歴の確認を

企業が海外から外国人を呼び寄せて就労ビザを取得できるかどうか、つまり前述の「在留資格認定証明書」を取得できるかどうかということになりますが、これについては、これまで説明してきた日本在住の留学生や転職者を雇用する場合と同様、入社後にやってもらう仕事が就労系の在留資格の範囲内の職務であること、加えて本人の学歴や職歴が申請する在留資格ごとに求められている要件を満たしていることが第一条件です。

また、後の項目で説明しますが雇用主企業や団体の「事業の適正性・安定性・継続性」や「日本人と同等の給与・待遇を受けるのかどうか」という点が審査の対象になり、雇用主が企業規模ごとにカテゴリー分けされている点も全く同じです。したがって、海外にいる外国人を呼び寄せるため

に、在留資格認定証明書を申請しようとする場合も、本人が申請する在留資格を取得するために必要な学歴などの要件を満たしているかどうかを最初に確認しなければなりません。

◎学歴で要件を満たす場合は、卒業証書（Diploma《ディプロマ》）のコピーを

外国人が日本で就労ビザを得て働くためには、就く職務内容がいずれかの在留資格の活動範囲であることに加えて、外国人がその職務内容に関連する学歴や職歴を備えていることが条件です。例えば、海外から外国人のＩＴエンジニアを呼び寄せて日本で働いてもらう場合、在留資格「技術・人文知識・国際業務」で「在留資格認定証明書」を申請します。

「技術・人文知識・国際業務」は、前項でも解説したとおり「技術」「人文知識」「国際業務」の三分野に分かれていて、同じ在留資格内で就く職務内容によって求められる学歴（専攻科目）がそれぞれ違います。ＩＴエンジニアとして「技術・人文知識・国際業務」を取得するためには、基本的に候補者がＩＴエンジニアという職務内容に関連する情報工学系の学部を専攻し、短期大学以上の高等教育機関を卒業している必要があります。

在留資格認定証明書の交付申請をするときには、大学等の卒業証書のコピーを提出しなければなりません（カテゴリー1・2の事業主に就職する場合は除く）。これによって入国管理局は、本人が在留資格認定証明書を取得するために必要な要件を満たしているかどうか判断します。企業が海外

にいる外国人の雇用を考え就労ビザを取得できるかどうか迷ったら、まずは、履歴書（Resume）に加えて大学等の卒業証書のコピーの提出を本人に求めましょう。卒業証書には本人氏名や大学名、発行日などの情報の他に、取得した学位（学士号や修士号など）や専攻科目が記載されているはずです。それによって、多くの場合は就労ビザを取得するために必要な学歴に関する要件を満たしているのかどうか確認できます。

ただし、卒業証書のスタイルは発行する教育機関によってそれぞれ微妙に異なるので、例えば「Bachelor of Arts」（教養学士号）というようなシンプルな記載のみされていて、人文学系の学士号保持者であることは確認できるものの、実際に専攻した科目が具体的にわからないものもあります。

そのような場合は、卒業証書の他に成績証明書（Academic Transcript）や単位履修証明（Credit）などを提出してもらい、専攻科目を確認しておく必要があります。入国管理局に在留資格認定証明書を交付申請するときには、こうした大学等の卒業証書や必要に応じて単位履修証明などを立証資料として提出しますが、基本的にはコピーを提出すればいいので、海外にいる外国人にはメールで提出してもらうことが可能です。この専攻科目の事前確認はとても重要なポイントなので必ず行っておくことをお勧めします。

◎職歴で要件を満たす場合は、在職証明書の提出を

外国人が就労ビザ取得の要件を学歴ではなく職歴で満たす場合、会社はどのようなことを確認しておけばいいのでしょうか。「技術・人文知識・国際業務」をはじめ、「技能」や「企業内転勤」などの在留資格は学歴ではなく職務経験によっても就労ビザの取得要件を満たすことができます。それぞれの在留資格ごと、また同じ在留資格の中でも職種ごとに必要な経験年数は異なりますが「技術・人文知識・国際業務」では、ＩＴエンジニアや企画・財務・会計などの総合職業務の場合、短期大学卒業以上（職務内容に関連する専攻科目）の学歴がないのであれば「同様の職種で10年以上の職務経験」が必要です。

例えば、情報工学系の専攻科目で短大卒以上の学歴を持たない外国人を海外から日本に呼んで、ＩＴエンジニアとして「技術・人文知識・国際業務」の在留資格を取得させようとするのであれば、まず、本人が提出する履歴書などで10年以上のＩＴエンジニアとしての職務経験を持っているかどうかを確認してください。また、選考課程において候補者が職務経験を証明できる「在職証明書」を退職時に勤務先から発行されて、既に持っていることがあります。その場合は提示を求め、それによって職務経験（職種や経験年数）を確認します（ただし、発行される在職証明書は、国籍・企業ごとに様式が異なります。職種などの重要項目が記載されていない在職証明書もあるので、その

場合は職務内容の確認ができません）。

採用を内定した時点で在職証明書を持っていない外国人の場合は、日本での就労ビザ申請に在職証明書の取得が必要であることを伝えて、勤務していた会社に発行を依頼してもらわなければいけません。このように、学歴ではなく職歴によって就労ビザを申請する場合、前職の勤務先が発行した、適切な形式の「在職・退職証明書」を提出できなければ絶対に許可は出ません。

就労ビザ申請のため、入国管理局に証明する必要がある項目をカバーした在職証明書については、【図⑨】「入国管理局に提出する在職証明書・記載例（日英）」を参考にしてください。このような形式で以前勤めていた会社などに在職証明書を発行してもらうよう、外国人本人から依頼してもらい入手します。英語の書式であれば、英語圏の企業に限らずほぼどの国の企業・団体であっても発行してくれるはずですので、こうした書式を利用するといいでしょう。

なお職務経験の「10年」に関しては、実際の職務経験年数以外に海外の教育機関を含む大学や高等学校などで職種に関連する専攻科目を学んでいた教育期間も含めることができます。また、同じ職種であれば勤務先が違っても問題ありません。例えばA社で5年、B社で5年、C社で3年、合計13年のＩＴエンジニアとしての職務経験を持つ外国人が就労ビザを取得するためには、A社とB社の2社の在職証明書は必ず提出しなければなりませんが、C社の在職証明書は必ずしも必要ありません。ただし「10年」の職務経験年数に1か月でも足りない場合（証明できない場合）、**就労ビザは許可されません**。最低「10年」という職務経験年数の要件は絶対です。時々「数か月足りないけど、ちょっとだけだから大目に見てもらえるか」と安易に申請してしまう外国人や企業もあるようですが、絶対に就労ビザは許可されませんので、その点はご注意ください。

◆就労ビザを取得するには雇用する会社の条件も必要

外国人の学歴や職歴の確認は終わりました。では、それ以外に就労ビザ取得に必要な条件はあるのでしょうか？　あります。新卒留学生、既卒転職者、また海外にいる外国人を日本に呼び寄せて雇用する場合、いずれのケースであっても彼らが入国管理局に就労ビザの申請を行うときに、必ずスポンサー（雇用主）となる会社も本人と共に審査を受けなければなりません。

ちなみに、在留資格は基本的に外国人個人に与えられるものです。そのため、一度与えられた在留資格で許されている活動の範囲内であれば、転職は自由という原則があるのです（「技能実習」と「高度専門職」は除く）。それでは、就労ビザを取得・更新・変更するためには、これまで説明してきたような入管法で規定されている職種（在留資格）に該当し、就労する外国人の学歴や職歴などの要件が満たされていれば、就職先がどのような企業であってもよいのか、というと残念ながらそうではありません。

◎雇用主の「事業の適正性・安定性・継続性」が審査される

入国管理局による就労ビザの審査は、申請する在留資格に該当する職種であるかどうか、外国人本人の学歴や職歴などが取得要件を満たしているかどうか、と同時に雇用主企業の事業の適正性・安定性・継続性も審査の対象にしています。具体的には、雇用主企業に関して以下のようなポイントが審査されます。

・事業に必要な許認可などを適正に取得しているか。違法・不法行為を行っていないか
・資本金の大小
・営業活動により得られる売上高
・粗利益
・従業員数
・営業種別・営業品目・本社、支店、営業所などの施設状況
・既存の会社の場合は決算内容、新規設立会社の場合は事業計画
・今後の事業が適正且つ確実に行われることの可能性

簡単に言うと、「会社が違法・不法行為を行っておらず、雇用主として外国人に日本人労働者と同等の適正な給与を支払い、社会保険料などの負担もして、その上で長期間且つ継続的に雇用する使用者責任を負える経済的な状況にあるのか。会社が短期間で倒産・廃業して、雇用した外国人を短期間で放り出すようなことはないか」という点から審査しているといえます。

これらの観点から行われた審査によって、もしも、「雇用主企業の事業の適正性・安定性・継続性は就労ビザを与える条件を満たしていない」と判断された場合には、残念ですがいくら他の条件を完全に満たしていたとしても、その雇用主の下での就労ビザの申請は却下されてしまいます。

◎雇用主（スポンサー企業）は企業規模ごとにカテゴリー分けされている

外国人が在留資格変更・在留期間更新・在留資格認定証明書など、入国管理に関する様々な申請手続を行う場合、雇用主である企業も「**所属機関**」として自社に関する様々な資料を提出して、同時に審査を受けなければならないことは述べました。ちなみに、国はこれら雇用主企業を規模ごとに四つのカテゴリーに分け、２００９年９月以降、外国人が就労ビザに関する申請を行うときに提出する添付資料や立証資料の数、また審査にかかる所要期間などを差別化、大企業を対象に入国管理手続の負担を軽減しています。なお、カテゴリーは次のように企業規模ごとに1から4までに分かれています。

①カテゴリー1の企業や機関（以下のいずれかにあてはまる企業・団体）
・日本の証券取引所に上場している企業
・保険業務を営む相互会社
・国内あるいは海外の国・地方公共団体
・独立行政法人
・特殊法人・認可法人
・国内の国・地方公共団体の公益法人
・法人税法別表第1に掲げる公共法人
②カテゴリー2の企業や機関（以下にあてはまる企業・団体・個人）
・前年分の「給与所得の源泉徴収票等の法定調書の合計表」中、「給与所得の源泉徴収票等の法定調書の合計表」の「源泉徴収税額」が1500万円以上ある団体
③カテゴリー3の企業や機関（以下にあてはまる企業・団体・個人）
・前年分の「給与所得の源泉徴収票等の法定調書の合計表」が提出された企業・団体・個人で、「源泉徴収税額」が1500万円未満の団体
④カテゴリー4の企業や機関（以下にあてはまる企業・団体・個人

・カテゴリー1・2・3のいずれにも該当しない団体

※主に設立間もなく、「給与所得の源泉徴収票等の法定調書の合計表」を提出していない新規設立企業や個人事業主などが該当します。

◎大企業は就労ビザ申請時の提出書類が軽減されている。でも……、

例えば、大企業であるカテゴリー1や源泉徴収の納税額が大きい（社員に支払っている給与が高額＝一般的に業績が高い）カテゴリー2までの企業や団体が雇用主として、就労ビザの申請をする場合、カテゴリー3や4の団体であれば絶対に提出しなければならない外国人本人の学歴や職歴・履歴を証明する立証書類をはじめ、雇用契約書・決算書・登記事項証明書など様々な書類の提出が基本的に全て免除されます（注：専門学校卒業者の場合は、カテゴリー1あるいは2であっても卒業証書の提出が必要です。また、大学以上の教育機関に留学している留学生が「卒業前」に在留資格変更申請を行う場合は、事前審査に伴う「卒業見込証明書」と卒業後に発行される「卒業証明書」のいずれも提出する必要があります）。

つまり、雇用主として提出が義務付けられている添付資料は、カテゴリー1の団体の場合は上場企業であることを証明できる『会社四季報』の写し等、カテゴリー2の団体の場合は1500万円以上の源泉徴収税を納税していることが証明できる「給与所得の源泉徴収票等の法定調書の合計表」

の写し（提出先税務署の受付印があるもの）のみとなります。したがって、外国人が就職・転職しまたは海外にいる外国人が日本国内の団体から招聘されて就労ビザを取得する場合も含め在留資格変更申請や在留期間更新申請などをする場合、カテゴリー1や2のような大企業が雇用主であれば、**基本的に**入国管理局に提出する書類は申請用紙（外国人本人の署名と会社代表者印の押印がされたもの）に加えて、四季報の写しや税務書に提出した証明書のコピーのみを提出すればいいことになっています。

ただし、これらの提出書類はあくまでも入国管理局が「必須提出書類」として一般に公開しているものであり、申請後、必要に応じて他の添付資料の追加提出を求めてくるケースも多く、そのような追加要請に備えて、事前に必要と思われる資料については、カテゴリー1・2の雇用主であっても申請時に提出しておく方が無難です。入国管理局が追加提出を要請する書類とはそれぞれの申請内容によって様々ですが、多いのは外国人が入社後に就く職務内容が所定の申請用紙の記載内容からだけでは判断できなかった場合などでしょうか（就労ビザが許可されるためには、申請した在留資格に応じた職務内容であるかに加え、本人の学歴・職歴などの要件が必要です）。

そうした場合、入国管理局はカテゴリー1・2の企業であっても、雇用主に対して入社後の職務内容に関する立証書類を要請してくることがあります。そのような場合に備えて、入社後の職務に関し雇用主が記述した「職務記述書」や「雇用理由書」などを当初の申請時に添付資料として提出しておくと、追加要請によって生じる審査期間の長期化など時間のロスが避けられます。

筆者が就労ビザ申請の代行業務を受託するときには、依頼主企業がカテゴリー1や2の顧客であっても、提出が免除されている外国人の大学等の卒業証書や在職証明書のコピーなどの重要な立証書類は必ず提出をお願いし、申請時に入国管理局へ提出しています。なぜなら、提出が免除されていても、外国人の学歴や職歴に関する就労ビザ取得の要件は、カテゴリーの別に限らず必ず満たすことが求められている入管法の規定です。

無論、外国人による学歴や職歴の詐称を前提にしている訳ではありませんが、証明書を提出しなくていいからと、こうした重要な要件の確認を怠って将来何らかのトラブルが起こった場合、申請の提出を代行した筆者は当然ですが、依頼主である顧客（雇用主企業）、そして申請人である外国人本人にも大きなペナルティが課せられる可能性がないとは言えません。

入国管理局に提出する大学等の卒業証書や前職の在職証明書などはコピーを提出すればよく、卒業証書の場合は、通常、卒業時に全員が交付されているものなので採用予定の外国人にお願いすれば、メールなどですぐに提出してもらえます。一般的な企業であれば日本人の新入社員に対しても、大学等の卒業証明書の提出を求めているはずです。カテゴリー1・2の企業であっても日本人社員同様、自社がスポンサーとなる外国人の就労ビザ申請には必ず、こうした立証書類の提出を求め、提出された証明書は就労ビザ申請時にできるだけ入国管理局に提出しておくことをお勧めします。

◎カテゴリーごとに異なる就労ビザの審査期間

前述のカテゴリー1から4までの団体が、雇用主として就労ビザに関する諸申請を行った場合、審査にかかる期間に違いはあるのでしょうか。入国管理局は審査期間についても、カテゴリー1とカテゴリー2の団体の場合は、その他のカテゴリーに比べて短い期間で決済をする方針です。入国管理局の公表によると、雇用主企業がカテゴリー1あるいは2の場合「**基本的に2週間以内を目安に審査を完了する**」としています。ただ、あくまでも「目安に」ですので、カテゴリー1・2であるからといって必ずしも2週間以内に結果が出るわけではありません。

筆者もこれまでの経験上、たとえ1部上場の大企業が雇用主として申請した事例であっても、結果が出るまでに1か月を要したケースがいくつかありました。事案ごとの個別の事情や、入国管理局の繁忙期によっても審査期間の長短は左右されます。各入国管理局にもよりますが、たとえカテゴリー1や2の企業であっても、とりわけここ数年は申請して2週間以内に審査が完了するというケースは多くはない気がします。

とは言っても、このカテゴリー1と2の団体に関する審査期間の短縮化は入管行政上、明確化されている方針なので、カテゴリー3と4に比べて審査にかかる期間がかなり短いことは確実です。例えば、海外にいる外国人の就労ビザ（在留資格認定証明書）を申請する場合、雇用主がカテゴリー1や2である場合、申請から早くて2週間、長くても概ね1か月程度で結果が出るものの、雇用主がカテゴリー3や4の場合は早くて1か月から長くて3か月以上経っても結果が出ないというケースもあります（申請内容の複雑さなど個別の事情にもよります）。以上、雇用主の企業規模によって就労ビザの申請書類や審査にかかる期間が異なることにもご注意ください。

◆同職種の日本人社員と同等の報酬を支払うことも就労ビザ取得の条件

就労ビザを取得するためには、これまで述べてきた外国人本人と雇用主に関するものの他に、もう一つ大切な条件があります。それは**外国人に支払う報酬・給与が、雇用主企業内で同じ業務を担当する日本人社員と同等額でなければならない**ということです。外国人であるという理由だけで、日本人に支払う給与と差をつけることはできません。その最大の根拠は労働基準法第3条で、「使用者は労働者の国籍・信条または社会的身分を理由として賃金・労働時間その他の労働条件について、差別的取扱をしてはならない」と規定しているからです。

外国人だからという理由だけで、同じ仕事をする日本人より低い賃金を設定することは労働基準法違反となります。また入管法においても労働基準法の原則を遵守することを求めていて、これまで説明した就労系の在留資格（就労ビザ）取得に必要な本人の学歴や職歴などの必須要件と同様、この「**日本人が従事する場合に受け取る報酬と同等額以上の報酬を受けること**」という規定が設けられています。

つまり、雇用主企業において同じ職務内容の仕事を担当する他の日本人社員と同様の条件で賃金を決定すれば間違いがないということです。ちなみに、入管法は「給与額○○円以上」と明確な数字の基準を示して、「この額以上なら就労ビザの許可がおります」と公開しているわけではありません。ただ２００８年３月（２０１５年３月改訂）に、入国管理局が「**技術・人文知識・国際業務」の在留資格の明確化等について**というプレスリリースで給与額や仕事内容の具体例を挙げ、就労ビザが許可される基準と指針を示しています。

・「技術・人文知識・国際業務」の在留資格の明確化等について（法務省入国管理局・平成27年改定）
http://www.moj.go.jp/nyuukokukanri/kouhou/nyukan_nyukan69.html

これを見ると、年齢や職種また職務経験にもよりますが、新卒の留学生を総合職で採用する場合、同じ会社で同職種・同条件の日本人社員と同等額という前提で、やはり**月額20万円以上の報酬**は必要なのではないかと思います。筆者は、依頼主企業から「いくら給与を支払えば就労ビザは許可されるのか」という質問を頻繁に受けます。これに対しては、雇用主の会社で同職種の仕事を担当している日本人と同額の賃金であることを基本に、その額についても「外国人が職場の通勤圏内に適切な住まいを借りて、通常の経済状態で生活ができる常識的な金額であること」というような回答をしています。

ただし、前述のとおり最低給与の正確なラインを国は公開していないので、最終的な許可・不許可の判断は個別の申請ごとに入国審査官が決定します。したがって、「月額20万円以上なら確実に就労ビザは取得できます」といった、具体的なアドバイスをできないのが残念なところです。以上、外国人の給与を決定するときには、このようなことも注意してください。

◆就労ビザ申請は本人まかせにせず雇用主企業も全面サポートを、わからないことがあったら入国管理局や入管業務の専門家に相談を

初めて外国人を雇用する企業にとって、最初にクリアしなければいけない最も大きな関門は、こ

れまで説明してきたような就労資格の取得や更新などの入国管理手続でしょう。外国人は適正な就労ビザがなければ日本で就労・在留することはできません。日本で働き長く生活していきたいと望んでいる外国人にとって、就労ビザの取得と維持は死活問題です。筆者も就職や転職にあたって、就労ビザの取得や維持ができるかどうかに悩んで、眠れない日々を過ごしている多くの外国人から相談を受けてきました。そうしたケースを見ていると、雇用主である勤務先の企業が就労ビザの手続きについて積極的なサポートをせず、「就労ビザはご自分の責任で取得・更新してください。取得・更新できたら、うちで働いてください」と、本人まかせにしていることが多いようです。

実際、これまで説明してきた「在留資格変更許可申請」「就労資格証明書交付申請」「在留期間更新許可申請」など就労ビザに関する様々な申請手続のほとんどは、申請人として申請用紙に署名をして、入国管理局に提出するのは外国人労働者本人です。しかし、雇用主として会社が作成して提出する添付書類も多く、入国管理に関する情報を母国語で得られない外国人が全ての提出書類を完璧に揃え、スムーズな許可を得るのは、個人の日本語能力などにもよりますが厳しい場合が多いでしょう。したがって、採用を内定した外国人に一日でも早く入社して活躍してもらいたいと希望する企業なら、内定者の就労ビザ関連の手続きに関しては本人まかせにせず、率先してサポートするべきだと思います。

採用した外国人に一日も早く、就労ビザを取得して自社で活躍してもらいたいと希望している企業の多くは、必要に応じて社内の人事担当者が何度も入国管理局に足を運んで情報収集を行い、丁寧に提出書類を作成し、提出も代行するなど外国人社員の就労ビザ手続を、雇用主として全面的にサポートしています。そうは言っても、マンパワー不足の中小企業、特に外国人を初めて雇用する企業にとっては、会社内だけで就労ビザが取得できる職種なのか、また採用予定者が就労ビザを取得できる条件を満たしているのかを正確に判断し、更に申請に必要なたくさんの書類を正しく作成して入国管理局に提出、迅速に就労ビザを取得するというのは難しいというのが現実でしょう。

自社の戦力になってもらうべく、採用を内定した外国人には一刻も早く法的に問題なく入社、活躍してもらいたいものです。そのために必要な就労ビザについて、知識を備えた人事担当者がいない場合は、外部の専門家や筆者のような[10]申請取次者という資格を持った、入国管理業務に精通した行政書士や弁護士に相談するのも一つの方法です。特に、「この職種で就労ビザが取得できるのか」「この外国人の学歴や職歴は就労ビザを取得する要件を満たしているのか」など、判断に迷ったときにはこうした専門家の助言が役に立ちます。

申請取次資格を持った行政書士や弁護士は、「**届出済申請取次行政書士・弁護士**」と呼ばれ、基本的には申請の際に必要な提出書類を外国人本人や雇用主企業に代わって作成し、入国管理局へ提出する完全代行を行うことを業務としていますが、こうした「この場合は就労ビザを取得できるのか」というような基本的な相談だけでも対応している場合がほとんどです。採用を決定した外国人にスムーズな入社・就労をしてもらうためにも、就労ビザ関連で何か困ったことがあれば、まずはお近くの申請取次行政書士や弁護士に相談することをお勧めします。

●〈ステップ3〉雇用契約書の作成と取り交わし

◆労働条件を示すことは、日本人・外国人に限らず雇用主の義務とされている

ステップ2までのフローを経て、特定の外国人を採用しようと決定したら、次にやらなければいけないのはステップ3の**雇用契約書の作成と取り交わし**です。これは、日本に既に在留している外国人、または海外にいる外国人を呼び寄せて雇用するいずれの場合であっても同じように行う必要があります。なぜなら、まず一つの理由として、外国人の就労ビザを申請する際、雇用契約書あるいは労働条件通知書を彼らの雇用条件を立証する添付資料として入国管理局に提出する必要があるからです（雇用主がカテゴリー1・2の企業の場合、基本的に提出は免除されています）。

ただそれ以上に重要な理由として、雇用主は外国人の人事労務管理に関して日本人に対するのと

同様に重い責任を負っているからです。労働基準法（第3条）は、雇用主が労働者を雇用する際、賃金や労働時間その他の労働条件に関して、国籍によって差別をすることを厳しく禁止しています。したがって、外国人の雇い入れにあたっても、日本人に対するのと同様に雇用主は労働基準法の定めに従って、本人に対して明確に労働条件を示さなければなりません（労働基準法第15条）。

また、外国人労働者に対する処遇については、労働基準法以外の労働契約法・最低賃金法・労災保険法・雇用保険法・健康保険法・厚生年金保険法などの労働者に関する様々な法律も日本人同様に全て適用されます。加えて雇用対策法の下、２００７年10月以降、外国人を雇用する事業主に対し、外国人労働者の雇用改善や労働者に関する様々な法律の遵守、外国人雇用管理責任者の配置などを努力義務としたガイドライン「**外国人労働者の雇用管理の改善等に関して事業主が適切に対処するための指針**」（厚生労働省：http://www.mhlw.go.jp/bunya/koyou/ga_kokujin-koyou/01.html）が定められました。このガイドラインにも、「外国人を雇用するときは、労働条件を明示し本人に通知すること」と明記されています。

以上のように、雇用主が採用にあたり外国人本人に労働条件を明確に示すことは、労働法上の責任と義務を果たすことでもありますが、同時に、慣れない外国（日本）で就職する外国人の不安を取り除き、彼らの信頼を勝ち取ることにもつながるのではないでしょうか。

◆雇用契約書の取り交わしは就労ビザ申請手続に入る「前」に

筆者は日頃から、外国人の採用を決めた顧客企業に対して、内定者の就労ビザ手続に入る前に、雇用契約書の取り交わしを行うよう勧めています。中小企業などによく見られるのですが、採用を決めた企業が、一日も早く内定者に働いてもらうため、細かい雇用条件の明示と合意を省略して、早々に就労ビザの具体的な取得手続に着手するケースがとても多いのです。

重要な雇用条件を予め明らかにせずに、「給料は○○円で」といった程度の大まかな条件だけを口頭で、あるいは労働法の最低基準でさえ満たしていない紙切れ一枚程度の簡単な労働条件通知書の交付で済ませているケースを頻繁に見かけます。このようなやり方は、日本人・外国人に限らず雇用後の労使トラブルに発展しかねない問題ではありますが、外国人労働者の場合は、それ以前に採用手続上、別の問題点があります。

就労ビザ申請には、カテゴリー1と2の企業を除いて、多くの雇用主は入国管理局に雇用契約書あるいは労働条件通知書の写しを提出しなければなりません。必要な提出書類は雇用契約書以外にも多くあるため、外国人本人と雇用主は雇用契約書の作成と並行して、それらの書類の作成・収集準備に入ります。そして、双方共に時間と手間をかけ必要書類を完全に揃え、いざ入国管理局に提出をしようと、雇用契約書の最終確認をしたところ、提示された雇用条件が外国人の希望に合わず、最終的に内定を辞退するというケースが実際にあるのです。

筆者もそのような事例を何度か見てきました。こうしたケースでは、雇用主と外国人双方に、時間と労力のロスという残念な結果をもたらします。特に、企業が就労ビザ申請の手続代行を筆者のような行政書士や弁護士に依頼していた場合は金銭的な被害をも被ることになるでしょう。このようなリスクを避けるためにも、採用者が内定したら、最初に必要な雇用条件を明示し、労使双方の合意を確定した後に、就労ビザの手続きを進めていくといいでしょう。

◆「雇用契約書」と「労働条件通知書」の違い
〜一方的な労働条件通知より、労使双方が合意した「雇用契約書」の取り交わしが安全〜

労働基準法では、雇用主が労働者の採用にあたり**労働条件通知書**を書面で配布することを義務付けていますが、**雇用契約書**の取り交わしまでは義務付けていません。では、労働条件通知書と雇用契約書の違いは何でしょうか。いずれにおいても、労働者に対して明示しなければいけない事項(例：労働契約の期間・就業する場所・賃金など)は同じです。違う点は労使双方の署名・捺印の有無です。労働条件通知書は、雇用主が法律で定められている一定の労働条件を書面に記載して労働者個人に配布するものであり、その名の通り一方通行的な「通知書」です。一方の雇用契約書は、労働条件について雇用主と労働者が合意をした証明として、書面に双方の署名・捺印をして2通の原本を作成、それぞれ1通ずつの原本を保管しておく「契約書」です。労働基準法上は、労働条件通知書あるいは雇用契約書、いずれの方法によっても雇用主としての労働条件の明示に関する義務は果たしていることになります。また外国人の就労ビザを申請する場合も、入国管理局に提出するのは雇用契約書ではなく労働条件通知書でもよいことになっています。

そうした現在の法制度や、契約文化の歴史が浅いという日本の現状も手伝ってか、実際、中小企業はもちろん中堅あるいは大企業でも、日系企業の多くが日本人・外国人に限らず、雇用契約書ではなく労働条件通知書を交付しているようです。日系企業の多くは中小から大企業まで、双方の合意・確認までを含めた雇用契約書を取り交わしていないことが多いので、入社後に労働条件に関する労使トラブルが起こると面倒なことになってしまいます。筆者も採用時の労働条件について「言った、言わない」「聞いた、聞いてない」と泥沼の労使トラブルが何年も続いている企業を見たことがあります。また、そこまではいかなくても、せっかく採用した日本人含め外国人社員が、事前の労働条件の確認不足によって、不満を募らせ短期間で退職してしまうようなケースは更に多く見られます。

このような残念な結果を招かないためにも、雇用主として一方的に雇用条件を通知する「労働条件通知書」ではなく「雇用契約書」を作成し、外国人の合意を確認した上で安心して入社してもらい、彼らが末永く活躍できるような労働環境を整えることが大切ではないでしょうか。また、先進国出身者や途上国出身者などの出身国の別や、新卒または既卒、職種あるいは個人の性格によっても違うので一括りにはできませんが、入社時に給与やその他の待遇面を重要視する外国人は、一般的に日本人と比べて多いと感じます。したがって、外国人に対する雇用契約書は特に給与や昇給など待遇面で後々労使トラブルに発展することがないように、正確で適正なものを丁寧に作り込んでおいたほうがいいでしょう。

◆効果的な雇用契約書作成のために必要な五つのポイント

外国人労働者と取り交わす雇用契約書の作成方法について初めに伝えたいのは、新卒の留学生や既卒で海外から呼び寄せる場合でも、**初めて日本で働く外国人**には会社の労働条件に併せて、予めできるだけ労働法や慣行など日本の労働環境に関する状況を本人に説明し、納得してもらった上で雇用契約を取り交わしておくとよいということです。

特に既卒で母国や海外での就労経験はあっても来日経験がなく、日本文化や労働環境に全く知識がない外国人が日本の会社で働き始めると、長時間労働や上司・同僚との関係性など日本独特の職場環境に驚き順応できない結果、せっかく就労ビザを取得して来日・入社したのに、あっという間の短期間で帰国してしまうというケースが少なくありません。

このようなことにならないよう、雇用契約を取り交わす課程で、初めて来日し就労する外国人には会社の労働条件に加えて来日後の日本での生活や労働環境について情報を提供しておくと、「そんなことは聞いていなかった」ということにならず、早期退職・帰国を少しでも防げるのではないかと思います。日本での就労生活に関する情報は、外国人労働者向けに国がハンドブックなどを作ってウェブサイトで公開しています。本章末にURLアドレスを記載しておきますので、そうした資料も活用して外国人雇用の成功につなげてください。また、雇用契約書を作成するポイントは以下のとおりです。

◎日本の労働法に従った過不足のない適法な雇用契約書を作る

これは最初にチェックしておくべき重要なポイントです。雇用契約書によって労働者に明示しなければならない項目は、労働基準法で決まっています。その中でも、「必ず書面で明示しなければならない項目」と「その会社に就業規則などで決まりがある場合は明示しなければならない項目」に分かれています。以下の記載事項を漏れなく明記して、通知も法令通りの方法で行わなければ、雇用主には労働基準法の義務違反が発生します。

①必ず「書面」で明示しなければならない項目（必ず雇用契約書に記載して本人に配布しなければならない項目）

・労働契約の期間

例：正社員なのか、有期の契約社員なのか、契約社員の場合は契約の満了時期はいつなのか、契約更新があるのか、更新をする場合はその要件等

・就業場所、従事する業務

例：労働者が実際に労働する職場の住所や採用後に従事する業務内容など

・始業・終業の時刻、時間外労働の有無、休憩時間、休日に関する事項など

・賃金額、計算や支払い方法、締切日、昇給に関する事項（退職金や賞与については除く）

・退職に関する事項

②必ず明示しなければならないが、「書面」でなくてもよい項目（明示は雇用契約書の配布、口頭、あるいは該当する項目が記載されている就業規則を渡すことによっても可能な項目）

・昇給に関する事項

③その会社に就業規則などで決まりがある場合、明示しなければならない項目（明示は雇用契約書の配布、口頭あるいは該当する項目が記載されている就業規則を渡すことでも可能な項目）

・退職金支払いの規定がある場合、その規定が適用される労働者の範囲や退職金の決定・計算・支払い方法・支払い時期
・退職金以外の臨時的な賃金（慶弔金など）、賞与、最低賃金額に関する事項
・労働者に負担させる食費・作業用品・その他に関する事項
・安全衛生に関する事項
・職業訓練に関する事項
・災害補償や業務外の傷病扶助に関する事項
・表彰・制裁に関する事項
・休職に関する事項
◎できれば外国人の母国語または英語の翻訳文を添付する
日系企業の場合は上場しているような大手企業であっても、外国人に外国語の雇用契約書や就業規則を配布している会社は多くないように感じます。筆者が就労ビザ申請の代行手続の依頼をいただく顧客企業も、日系の場合はほとんどが外国人社員に対しても日本人に対するものと全く同じ、日本語だけの雇用契約書や就業規則を配布しています。

日本語能力の高い外国人であれば雇用契約書くらいなら理解できますが、長文で表現も特殊な就

業規則の理解は難しいはずです。外国人社員にとっても、必ず知っておかなければならない会社のルールが示されているのが雇用契約書や就業規則です。いくら法律で決められたとおりの方法で配布したとしても、肝心の内容を全く理解できなかった、ということでは配布の意味がありません。

したがって、外国人社員がスムーズに理解できるように、できれば外国人の母国語が一番望ましいのですが、それが難しければ多国籍の外国人に対応する公用語版として、雇用契約書や就業規則の英語翻訳を作成し、外国人に配布してはどうでしょうか。この英語翻訳版に関しては、英語を母国語とする外国人社員だけではなく、英語を外国語として理解する外国人のために、**できるだけシンプルでわかりやすい、こなれた英文で作成**することも大切です。雇用契約書や就業規則の英語翻訳には、ネイティブにしかわからないような格調高い英文は必要ありません。

ただそうは言っても、手持ちの雇用契約書を今すぐに英語や外国語に翻訳するのが難しいという事情もあるでしょう。そうであれば、厚生労働省がインターネットで公開している外国語版の労働条件通知書のモデル版を参考にするのも一つの方法です。2018年3月現在、英語・中国語・韓国語・ポルトガル語・スペイン語・タガログ語・インドネシア語・ベトナム語の8か国語版が公開されています。こうしたモデル版を参考にしながら、会社の個別の状況に応じた雇用契約書を作るといいでしょう。

本章末にモデル版労働条件通知書のＵＲＬアドレスを記載していますので、内容はそちらで確認してください。また【図⑩‐１】【図⑩‐２】【図⑪‐１】【図⑪‐２】は日本語版と英語版の雇用契約書で筆者が作成したモデル版です。この４点は、雇用主企業に有効な就業規則があることを前提に作成した簡易版となっています。なお、筆者事務所のホームページでは、雇用主企業に就業規則がないことを前提に作成した雇用契約書（日英文併記）のモデル版を公開しています。紙面の都合上、本書には掲載できませんがご興味がありましたら、本章末にＵＲＬアドレスを記載していますので、こちらも確認してください。

◎トラブルが起こりやすい事項について、具体的・明確に記載されているか確認を

以下の項目は、具体的、明確に定められていないとその適用をめぐって判断があいまいになり、後々のトラブルになることが多い要注意項目です。雇用契約書を作成したら、これらの項目は、特に外国人労働者にとってわかりやすい表現になっているかどうか確認してください。

①有期雇用契約の場合、契約期間はもちろん契約の更新があるのかどうか

　雇用契約の更新がある場合は更新の基準や、契約更新をしない場合は契約満了の何か月前までに労働者に通知するかなど。就業規則で代用する場合は、就業規則も併せて配布するか、イントラネットなどで閲覧する場合はアドレスも記載。

雇用契約書【無期雇用契約社員用】

労働者	フリガナ	XXX XXX	性別	生年月日
	氏　名	XXX XXX	男性	1995年8月1日
	現住所	〒174-0064 東京都板橋区●● 1-2-3		Tel: 090-XXXX-XXXX
下記の条件で契約します。				
雇用期間	2018年4月1日～(期間の定めなし)			
就業場所	ABC株式会社・横浜支社　〒XXX-XXXX 神奈川県横浜市港北区●●1-2-3			
雇用内容	建築（意匠）設計・監理及びコンサルティング業務			
就業時間	午前9時00分～午後5時00分			
休憩時間	正午～午後1時			
休　日	土曜日、日曜日、国民の休日及び当社規定による休日（夏季・年末休暇含む）			
時間外を超える労働の有無	あり			
賃　金	月額30万円（基本給）			
手　当	交通費　(実費)	試用期間	3か月	
賃金の支払方法	毎月25日払い	支払方法	口座振込	
昇　給	本人の能力・会社の業績によってあり得る。	賞　与	本人の能力・会社の業績によって支給することがある。	
退　職	定年、自己都合退職の手続、解雇の事由及び手続きの詳細は、就業規則第X条、第X条、第X条による。			
その他	① 労災・雇用・健康・厚生年金保険に加入する。 ② 本契約に規定なき事項は、就業規則や労働基準法等日本の法令による。 ③ 本契約は在留資格及び在留期間について日本国法務省による許可を条件とする。			
	2018年2月1日 ABC株式会社 /ABC Inc. 〒XXX-XXXX 東京都千代田区丸の内1-2-3 雇用者　代表取締役　山田 太郎　㊞ 労働者　XXX XXX ＜署名＞			

【図⑩-1】雇用契約書【無期雇用契約者用】(日本語)モデル版

CONTRACT OF EMPLOYMENT
【Non-fixed Term Employment】

<table>
<tr><td rowspan="3">EMPLOYEE</td><td>Katakana</td><td>XXX XXX</td><td>Gender</td><td colspan="2">Date of birth</td></tr>
<tr><td>Name</td><td>XXX XXX</td><td>Male</td><td colspan="2">August 1, 1995</td></tr>
<tr><td>Address</td><td colspan="2">1-2-3, ●●,Itabashi-ku, Tokyo 174-0064</td><td colspan="2">Tel: 090-XXXX-XXXX</td></tr>
<tr><td colspan="6">Working conditions are as follows.</td></tr>
<tr><td>PERIOD OF WORKING</td><td colspan="5">From April 1, 2018 ～ (Non-fixed.)</td></tr>
<tr><td>PLACE OF WORKING</td><td colspan="5">ABC Inc., Yokohama Branch Office
1-2-3, ●●,Kohoku-ku, Yokohamashi, Kanagawa XXX-XXXX</td></tr>
<tr><td>SUBSTANCE OF WORKING</td><td colspan="5">Architectural design, consulting and supervision</td></tr>
<tr><td>WORKING TIME</td><td colspan="5">9:00 a.m. ～ 5:00 p.m.</td></tr>
<tr><td>REST TIME</td><td colspan="5">12:00 p.m. ～ 1:00 p.m.</td></tr>
<tr><td>HOLIDAY</td><td colspan="5">Saturdays, Sundays, National Holidays and others provided by the work rules including Summer holiday and Year-end/New year holiday.</td></tr>
<tr><td>OVERTIME WORK</td><td colspan="5">Applicable</td></tr>
<tr><td>SALARY</td><td colspan="5">¥ 300,000 per month (Base salary)</td></tr>
<tr><td>ALLOWANCE</td><td>Commutation allowance (Actual Cost)</td><td>PROBATION PERIOD</td><td colspan="3">3 months</td></tr>
<tr><td>PAYDAY</td><td>25th of each month</td><td>PAYMENT OF WAGES</td><td colspan="3">Direct deposit</td></tr>
<tr><td>SALARY RISE</td><td>Base wage revisions shall take into consideration the performance and market conditions for the subject term.</td><td>BONUS</td><td colspan="3">Annual Bonus provisions take into consideration the performance and market conditions for the subject term.</td></tr>
<tr><td>RETIREMENT</td><td colspan="5">Details for Mandatory Retirement System, Voluntary Retirement and Dismissal are established in Article X, Article X and Article X of the work rules.</td></tr>
<tr><td>OTHERS</td><td colspan="5">① Joining Japanese social insurance (Industrial injury insurance, Employment insurance, Company health insurance and Employee pension)
② In the event for which no provision is found herein, the work rules and the Japanese Labor Standards Law or those other pertinent laws, ordinances shall apply.
③ This contract shall be subject to the Employee's having a proper working visa and stay permission in accordance with Immigration Laws in Japan.</td></tr>
<tr><td></td><td colspan="5">February 1,2018
ABC Inc.
1-2-3, Marunouchi, Chiyoda-ku, Tokyo
XXX-XXX
EMPLOYER　President, Taro YAMADA <Company Seal>

EMPLOYEE　XXX XXX

<signature></td></tr>
</table>

【図⑩－２】雇用契約書【無期雇用契約者用】（英語）モデル版

雇用契約書【有期雇用契約社員用】

労働者	フリガナ	XXX XXX	性別	生年月日
	氏　名	XXX XXX	男性	1995 年 8 月 1 日
	現住所	〒174-0064 東京都板橋区●● 1-2-3	Tel: 090-XXXX-XXXX	
下記の条件で契約します。				
雇用期間	2018 年 4 月 1 日～2021 年 3 月 31 日 (3 年) 更新する場合があり得る。 契約の更新は次により判断する ・契約満了時の業務量 ・勤務成績、態度、能力 ・会社の経営状況			
就業場所	ABC 株式会社・横浜支社　〒XXX-XXXX 神奈川県横浜市港北区●●1-2-3			
雇用内容	配属：海外事業部（ABC 株式会社・英国法人担当業務全般） 本社及び英国法人間の折衝業務（通訳・翻訳業務、欧州市場のリサーチ他海外取引業務全般）			
就業時間	午前 9 時 00 分～午後 5 時 00 分			
休憩時間	正午～午後 1 時			
休　日	土曜日、日曜日、国民の休日及び当社規定による休日（夏季・年末休暇含む）			
時間外を超える労働の有無	あり			
賃　金	月額 22 万円（基本給）			
手　当	交通費（実費ただし月額 2 万円を上限とする）	試用期間	なし	
賃金の支払方法	毎月 10 日払い	支払方法	口座振込	
昇　給	本人の能力・会社の業績によってあり得る。	賞　与	年 2 回、支給する（3 月・12 月）。	
退　職	定年、自己都合退職の手続、解雇の事由及び手続きの詳細は、就業規則第 X 条、第 X 条、第 X 条による。			
そ の 他	① 労災・雇用・健康・厚生年金保険に加入する。 ② 本契約に規定なき事項は、就業規則や労働基準法等日本の法令による。 ③ 本契約は在留資格及び在留期間について日本国法務省による許可を条件とする。			
	2018 年 2 月 1 日 ABC 株式会社 /ABC Inc. 〒XXX-XXXX 東京都千代田区丸の内 1-2-3 雇用者　代表取締役　山田 太郎　㊞ 労働者　XXX XXX ＜署名＞			

【図⑪ - 1】雇用契約書【有期雇用契約者用】（日本語）モデル版

CONTRACT OF EMPLOYMENT【Fixed-term Employment】

<table>
<tr><td rowspan="3">EMPLOYEE</td><td>Katakana</td><td colspan="2">XXX XXX</td><td>Gender</td><td colspan="2">Date of birth</td></tr>
<tr><td>Name</td><td colspan="2">XXX XXX</td><td>Male</td><td colspan="2">August 1, 1995</td></tr>
<tr><td>Address</td><td colspan="3">1-2-3, ●●,Itabashi-ku, Tokyo 174-0064</td><td colspan="2">Tel: 090-XXXX-XXXX</td></tr>
<tr><td colspan="7">Working conditions are as follows.</td></tr>
<tr><td>PERIOD OF WORKING</td><td colspan="6">From April 1, 2018 ～ March 31, 2021 (Three years) with possibility of renewal
Renewal of the contract shall be determined by the following factors.
・Volume of work to be done at the term of contract expires
・Employee's work record, work attitude and capability
・Business performance of the company</td></tr>
<tr><td>PLACE OF WORKING</td><td colspan="6">ABC Inc., Yokohama Branch Office
1-2-3, ●●,Kohoku-ku, Yokohamashi, Kanagawa XXX-XXXX</td></tr>
<tr><td>SUBSTANCE OF WORKING</td><td colspan="6">Section & Position: Overseas business division (Overseas trading business such as negotiation, interpretation, translation for British branch and Head office and researching EU market and others.)</td></tr>
<tr><td>WORKING TIME</td><td colspan="6">9:00 a.m. ～ 5:00 p.m.</td></tr>
<tr><td>REST TIME</td><td colspan="6">12:00 p.m. ～ 1:00 p.m.</td></tr>
<tr><td>HOLIDAY</td><td colspan="6">Saturdays, Sundays, National Holidays and others provided by the work rules including Summer holiday and Year-end/New year holiday.</td></tr>
<tr><td>OVERTIME WORK</td><td colspan="6">Applicable</td></tr>
<tr><td>SALARY</td><td colspan="6">¥ 220,000 per month (Base salary)</td></tr>
<tr><td>ALLOWANCE</td><td colspan="3">Commutation allowance
(Actual Cost up to ¥20,000 per month)</td><td colspan="2">PROBATION PERIOD</td><td>N/A</td></tr>
<tr><td>PAYDAY</td><td colspan="2">10th of each month</td><td>PAYMENT OF WAGES</td><td colspan="3">Direct deposit</td></tr>
<tr><td>SALARY RISE</td><td colspan="2">Base wage revisions shall take into consideration the performance and market conditions for the subject term.</td><td>BONUS</td><td colspan="3">Twice a year (March and December).</td></tr>
<tr><td>RETIREMENT</td><td colspan="6">Details for Mandatory Retirement System, Voluntary Retirement and Dismissal are established in Article X, Article X and Article X of the work rules.</td></tr>
<tr><td>OTHERS</td><td colspan="6">① Joining Japanese social insurance (Industrial injury insurance, Employment insurance, Company health insurance and Employee pension)
② In the event for which no provision is found herein, the work rules and the Japanese Labor Standards Law or those other pertinent laws, ordinances shall apply.
③ This contract shall be subject to the Employee's having a proper working visa and stay permission in accordance with Immigration Laws in Japan.</td></tr>
<tr><td></td><td colspan="6">February 1,2018
ABC Inc.
1-2-3, Marunouchi, Chiyoda-ku, Tokyo
XXX-XXX
EMPLOYER　President, Taro YAMADA <Company Seal>

EMPLOYEE　XXX XXX
<signature></td></tr>
</table>

【図⑪-２】雇用契約書【有期雇用契約者用】（英語）モデル版

②年次有給休暇の取得時期や取得方法
③基本給・時間外労働時の賃金、賞与の支払いや昇給など、主に賃金面について
◎雇用契約書には、就労ビザの取得や更新ができた場合に発効する停止条件を
採用を内定した外国人は、就労ビザが許可または更新されなければ働くことはできません。したがって、雇用契約書には必ず以下のような条文を入れておくことが重要です。表現方法はどのような形でもかまいませんが、入国管理局による就労ビザの許可・更新がされない場合は雇用契約が無効であることを明確に示している条文を入れておきましょう。

記載例：この雇用契約は、日本政府の正当で就労可能な在留資格の許可または在留期間の更新を条件として発効する

英　訳：This agreement shall take effect upon receipt from the Japanese government of work and residence permission or renewal of that permission.

◎秘密保持誓約条項（Nondisclosure clause）は必ず記載、秘密保持誓約書も
秘密保持義務に関する条項が記載された就業規則を備えていない企業の場合は、秘密保持誓約条項は雇用契約書に必ず入れておくべきです【図⑫】。ただし、雇用契約書に秘密保持に関する一般的な条文を入れるだけでは雇用主の業種や外国人が就く職種によっては不十分な場合もあると思い

ます。

したがって、特に高い秘密保持義務を負う専門性の高い職種に就く転職者の場合は、転職前に在籍していた企業と合意している退職後の秘密保持義務について、その有無を確認した上で、必要に応じて雇用契約書に加え、別途「（入社時の）秘密保持誓約書」を作成し、両方に署名をもらうようにしましょう。以下に、一般的な秘密保持誓約条項の条文例（日英）と秘密保持に関する誓約書のサンプルを掲載していますので参考にしてください。

記載例：秘密保持義務

1．乙は業務上知り得た甲、甲の役員、従業員、顧客その他の関係者の秘密及び個人情報を正当な理由なく開示し、利用目的を逸脱して取扱い、又は漏洩してはならない。在職中はもとより、退職後においても同様とする。

2．乙が故意または過失により1．に違反し、それによって甲に損害を与えた場合にはその損害を賠償しなければならない。但し過失によるときは事情によりこれを減免することがある。

3．乙は甲が要求する場合には甲の秘密事項に関する適切な書類（秘密保持契約）を遵守し、実行かつ署名しなければならない。

英　訳：Confidentiality

1. Employees, while employed by the Company and after termination of employment, may not disclose, use for any other purposes or leak Company or Company director, employee, customer or other confidential or personal information obtained during the Employee' s work without a valid reason.

2. In the event that the Employee intentionally or unintentionally violates clause 1. above, the Employee must compensate the Company for damages. In the event that the damage is unintentional, however, the amount may be reduced or the Employee exempted.

3. When so requested by the Company, the Employee must observe, implement and sign any Company documents regarding confidentiality (namely the Statement of Treatment of Personal Information).

秘密保持に関する誓約書

この度、私は、貴社に採用されるにあたり、下記事項を遵守することを誓約いたします。

記

第１条（在職時の秘密保持）
貴社就業規則及び貴社情報管理規程を遵守し、次に示される貴社の秘密情報（＊１）について、貴社の許可なく、不正に開示又は不正に使用しないことを約束いたします。
① 製品開発に関する技術資料、製造原価及び販売における価格決定等の貴社製品に関する情報
② （以下略）

第２条（退職後の秘密保持）
前条各号の秘密情報については、貴社を退職した後においても、不正に開示又は不正に使用しないことを約束いたします。退職時に、貴社との間で秘密保持契約を締結することに同意いたします。

第３条（損害賠償）
前二条に違反して、第一条各号の秘密情報を不正に開示又は不正に使用した場合、法的な責任を負担するものであることを確認し、これにより貴社が被った一切の被害を賠償することを約束いたします。

第４条（第三者の秘密情報）（＊２）
１．第三者の秘密情報を含んだ媒体（文書、図画、写真、ＵＳＢメモリ、ＤＶＤ、ハードディスクドライブその他情報を記載又は記録するものをいう。）を一切保有しておらず、また今後も保有しないことを約束いたします。
２．貴社の業務に従事するにあたり、第三者が保有するあらゆる秘密情報を、当該第三者の事前の書面による承諾なくして貴社に開示し、又は使用若しくは出願（以下「使用等」という。）させない、貴社が使用等するように仕向けない、又は貴社が使用等しているとみなされるような行為を貴社にとらせないことを約束いたします。

第５条（第三者に対する守秘義務等の遵守）（＊２）
貴社に入社する前に第三者に対して守秘義務又は競業避止義務を負っている場合は、必要な都度その旨を上司に報告し、当該守秘義務及び競業避止義務を守ることを約束いたします。

（＊３）

以上

平成　　年　　月　　日
株式会社＿＿＿＿＿＿＿
代表取締役社長＿＿＿＿＿＿＿殿

住所　＿＿＿＿＿＿＿＿＿＿＿＿

氏名　＿＿＿＿＿＿＿＿＿＿＿＿印

【図⑫】従業員の入社時・秘密保持誓約書の例
出典：経済産業省（参考資料・各種契約書等の参考例）
http://www.meti.go.jp/policy/economy/chizai/chiteki/pdf/handbook/reference2.pdf

◆外国人労働者用ハンドブック／8か国語による雇用契約書モデル版

これまでの説明で触れた、外国人労働者ハンドブックや、外国語版の雇用契約書に関する行政機関のホームページは以下のURLアドレスにアクセスしてご覧ください。先にも述べたとおり、雇用主は外国人雇用にあたり、その処遇に関して日本人と不当な差別をすることはできません。その点を理解していただければ、既存の日本人社員に対するものと同様に、適正で効果的な雇用契約書を作成し配布することができるはずです。

・外国人労働者ハンドブック（英語版）※2017年3月
http://www.hataraku.metro.tokyo.jp/sodan/siryo/foreign-e/index.html
・外国人労働者ハンドブック（中国語版）※2016年3月
http://www.hataraku.metro.tokyo.jp/sodan/siryo/foreign-c/index.html
右記2点は、日本で働く外国人のために書かれた労働者ハンドブックです。
・8か国語による雇用条件通知書・モデル版（労働基準関係／厚生労働省）
http://www.mhlw.go.jp/new-info/kobetu/roudou/gyousei/leaflet_kijun.html

・当事務所作成による、「日英雇用契約書」モデル版
http://www.eriw-office.com/category/1234418.html
右記アドレスにアクセスし、モデル版（ＰＤＦ）を開いてご覧ください。

コラム② 留学生をアルバイトで雇用するときの注意点（資格外活動）

●週28時間の就労制限を守らないと大変なことになる？

「もう1回、就労ビザ申請をやり直しても許可は下りないのでしょうか？」

先日、今春日本の大学を卒業する外国人留学生に内定を出し、本人と協力して「留学」から「技術・人文知識・国際業務」への在留資格変更をしたものの、入国管理局の審査の結果、就労ビザが許可されなかった企業からこのような相談を受けました。採用を内定したのは、日本の大学を卒業した後、大学院まで進み、3月末に卒業予定の留学生です。

留学生の専攻科目は経済学であり、雇用主企業で就く職種は海外市場の調査や営業などの海外取引業務です。専攻科目と職種の関連性には全く問題はなく、「技術・人文知識・国際業務」の在留資格を取得する可能性は十分ありました。また大学院の成績も問題なく、日本語能力検定試験の1級にも合格しています。ちなみに、このように就労ビザの取得や変更・更新などの申請については、申請が不許可（就労ビザが許可・更新されないこと）の場合、審査結果は入国管理局から封書によって通知されます。書面には不許可であることに加え、簡単に理由が記載されてあるのですが、それだけでは詳しい事情が分からない場合が少なくありません。

したがって、そのような場合は申請人である外国人本人（海外から呼び寄せる場合は申請代理人である雇用主）などが入国管理局に出かけ、審査を行った入国審査官に直接、不許可の理由を聞くことができることになっています。

今回就労ビザを申請した雇用主も、留学生と一緒に入国管理局に確認に行ったところ、入国審査官から知らされた不許可理由が、なんと「資格外活動の制限時間を大幅に超過していたこと」だったそうです。雇用主はその事実を留学生からは全く聞かされていませんでした。前にも説明したとおり、留学生は「資格外活動許可」を持っていれば、学業に支障がない範囲で、コンビニや飲食店などの単純労働の職場も含めアルバイト就労が可能です（風俗店などは除く）。

この「学業に支障がない範囲」とされているのが「週28時間以内」という就労時間の制限なのですが、在留資格「留学」で資格外活動を許可されている外国人は、夏休みなど長期休暇期間中に限って「週40時間以内」の就労も認められます（他に「家族滞在」や「特定活動」の在留資格で資格外活動許可を得ている外国人には週40時間の特例はありません。これらの在留資格では週28時間以内の就労しか認められません）。

就労ビザが不許可になった留学生の場合、資格外活動許可は得ていたものの、ここ1～2年の間は常習的に週40時間以上もアルバイトをしていたとのことでした。1社で週28時間以上の勤務はできないので、お弁当屋さんやコンビニなど複数の職場で各々制限時間以内だけ働き、結果的に週の労働時間が40時間を超える状況が常態化していたのです。なお、週28時間以内という制限は、複数の職場でアルバイトをしていても、全ての職場で働いた総労働時間を28時間以内におさめなければなりません。これを超えて働いた場合は、不法就労者として[*11]**退去強制**（不法行為を行った外国人を強制的に日本から退去させること。いわゆる、強制送還）処分を受ける可能性もあります。ちなみに、退去強制された外国人はその後、最低5年間は日本に入国できません（実際にはこの就労時間超過という行為のみをもって強制送還という重いペナルティを受けているケースは多くはないと思います）。

それだけ重い罰則がある違反行為であるにもかかわらず、最近の留学生の一部には「周りの友達もやっているから」「そんなに大きなペナルティはないでしょ」と、簡単に週28時間の制限を超えてアルバイトをしてしまう人たちがいるようです。その結果、日本で何年も頑張って勉強してようやく学校を卒業して「さあ、次は日本で働こう」と就労ビザへの変更申請をしたのに、申請が不許可になるどころか最悪の場合、不法就労者としてペナルティが待っている可能性もあるのです。

●留学生のアルバイト時間の超過違反は入国管理局にわかってしまうのか

2012年の新たな外国人在留管理制度の導入によって、それまであった外国人登録証明書に代わり、外国人に関する様々な情報が入国管理局や各地区町村役場、ハローワークなどの行政機関にも共有される在留カードが新設されました。これによって、入国管理局は留学生の資格外活動（アルバイト活動）の状況をより容易に把握できるようになっています。また2016年に導入され、日本国民と同様に住民登録をしている外国人全員に割り振られたマイナンバーによっても、今後ますますその傾向は高まっていくと思います。

そもそも、労働者を雇用している企業が行う所得税の納税手続によって、住民税を決定する市区町村役場から発行される課税証明書や納税証明書には、在留外国人の収入額が1円単位で記載されます。したがって、制限時間を大きく超えて働き、高額なアルバイト収入を得ていた留学生が正規の就労ビザを取得しようと在留資格変更申請をした場合、入国管理局はその事実を完全に把握していると思っておいた方がいいと思います。その場合、強制送還までには至らなかったとしても、就労ビザが許可されることはほぼありません。

以上のように、冒頭の相談者（雇用主企業）の質問には、今回のように就労制限を大幅に超えてアルバイトをしていたことによって不許可になったケースについては、同じ申請内容で時間をおかず、今すぐに再申請をしたとしても、一転して許可になることはないと回答するしかありませんでした。このことを伝えた場には、不許可処分を受けた外国人本人も同席していましたが、それを聞いた本人の悲しそうな顔が今も忘れられません。日本のルールを守り、もう少し慎重に留学生活を送っていたら、今ごろは望んでいた日本での就職を実現できていたのにと思うと筆者も残念でしかたがありません。

コラム③　永住者・定住者・日本人の配偶者等・帰化

●在留資格「永住者」「日本人の配偶者等」「永住者の配偶者等」「定住者」の外国人が応募してきたら

日本に在留している既卒外国人の採用で、提示された在留カードに記載されている在留資格が「**永住者**」「**日本人の配偶者等**」「**永住者の配偶者等**」「**定住者**」の場合があります。これらは、その名のとおり日本の永住権を持っている本人やその配偶者や子、日本人の配偶者や子、難民、日系3世などの外国人個人の**身分に基づいて付与されている在留資格**です。

そしてこの四つの在留資格の場合、「就労制限の有無」の欄には「就労制限なし」と記載されています。この記載のとおり、四つの在留資格を持っている外国人には、留学生の資格外活動許可のような週28時間以内の就労や風俗店での就労禁止などの就労制限はありません。加えて「技術・人文知識・国際業務」に代表される18種類の就労系の在留資格（就労ビザ）の、「自身が保持している在留資格の範囲内の就労活動のみ許可」という活動制限もありません。

つまり応募してきた外国人の在留カードを確認して、「永住者」「日本人の配偶者等」「永住者の配偶者等」「定住者」のいずれかであった場合は、雇用主は基本的に就労ビザの心配をすることなく、日本人と同様にどんな業種（風俗店含む）・職種であってもフルタイムあるいはパートタイムの労働者として雇用することができるということです。したがって当然、入社後の配置転換も就労系の在留資格とは異なり本人の合意さえあれば自由に行えます。もちろん、コンビニや飲食店の接客業などの単純作業労働や建設業など肉体労働の現場でも就業してもらうことができます。

●「日本人の配偶者等」「永住者の配偶者等」「定住者」の社員はビザの延長ができているか確認を

「永住者」「日本人の配偶者等」「永住者の配偶者等」「定住者」の在留資格を持っている外国人であっても、身分に基づく在留資格であるだけに、個人の事情が変わることによって在留資格の種類が変更になったり、そもそも法的に在留資格を維持する該当性を失ってしまう場合があります。特に「日本人の配偶者等」「永住者の配偶者等」は、日本人や永住者である配偶者との離婚によって、「定住者」の場合も個人の状況の変化によってその在留資格の該当性を失うケースが比較的多い在留資格です。

また「永住者」もビザの延長申請をすることなく基本的に無期限で日本に在留することができる資格ですが、犯罪やその他の法律違反をして退去強制（強制送還）されるケースもあれば、「永住者」を取得した後ほとんど日本に住まずに海外に移住してしまった場合などには、「永住者」を取り消されることが稀にあります。

筆者の顧客企業の中には、採用時に確認した在留カードに記載されていた在留資格がこの四つのうちのいずれかだったからと安心し、その後何年も在留カードの確認をしていないという会社もあるようです。雇用主にとって、この身分系の在留資格の保持者は就労ビザの心配をする必要がないという利点がある反面、雇用主が知らない間に在留資格が変わってしまっていた、または法的に在留資格の該当性を失っていたという可能性もはらんでいるため、他の就労ビザを保持する外国人とは異なるフォローが必要です。

他の就労系の在留資格の保持者の場合、就労ビザを更新（延長）するときには雇用主との共同申請が必要なので、更新の可否について、雇用主側が把握することが容易です。しかし、「日本人の配偶者等」「永住者の配偶者等」「定住者」（「永住者」と異なり在留期間の延長をする必要があります）の場合、在留期間が問題なく延長できたのかどうかなど、個人の状況の把握が難しいこともあります。

したがって、就労系の在留資格の保持者の場合はもちろんですが、こうした身分系の在留資格を持つ外国人社員についても、入社時に限らず在留期間の更新ごとに新しい在留カードを確認して、引き続き合法的に日本に在留しているか、会社で引き続き雇用できる資格を維持しているか確認していくことが大切です。なお、この三つの身分系の在留資格の保持者についても、雇用主が在留カードの確認を怠って、万一、在留資格の該当性を失い、結果的に不法就労となった外国人を長期間継続して雇用していたような場合、雇用主も不法就労助長罪の処分を受ける可能性があります。

例えば「日本人の配偶者等」の在留資格を保持していた外国人は、日本人の配偶者と離婚した場合、本人がそれまで持っていた「日本人の配偶者等」のまま日本に住み続けることはできません。引き続き日本で暮らしそれまでの仕事も続けていきたいのであれば、日本人の配偶者と離婚した時点で入国管理局にその事実を申告し、その上で自身の仕事内容に応じた就労系の在留資格か、あるいは「定住者」への在留変更申請をしなければなりません（「永住者の配偶者等」の離婚の場合も同様です）。

その在留資格変更が許可されれば、雇用主は引き続きその外国人の雇用を継続できますが、万一、許可されなかった場合は残念ながら退職してもらうしかないのです。このように、個人の状況の変化によって就労資格に影響がある「日本人の配偶者等」「永住者の配偶者等」「定住者」に対しても、雇用主は常に注意を払っておく必要があります。具体的には、在留期限の更新（ビザの延長）の都度、新しい在留カードを提示してもらい、コピーを取っておくようにしましょう。

なお「永住者」の場合、ビザの延長手続はありませんが、在留カードは7年に1回、新しい在留カードに更新されることになっています。「永住者」の場合も、在留カードのコピーをもらっておくといいでしょう。

●「永住」と「帰化」～永住者と帰化した元外国人の雇用上のポイント～

筆者は時々、「永住者と帰化して日本人になった元外国人に関し、雇用管理上、何か異なる対応が必要ですか」という質問を受けることがあります。**在留資格「永住者」を持って日本に住んでいる外国人**は、在留期間の更新（ビザの延長）をすることなく、無期限に日本で暮らし続けることができます。活動範囲も単純労働を含めどのような職種でも就くことができ、自身で会社を作って起業することも自由です。またフルタイムやパートタイムの制限もありません。前述のとおり、企業は「永住者」の在留資格を持つ外国人を採用する場合、就労ビザに関してあまり神経質になる必要はないでしょう。また、採用後においても「日本人の配偶者等」「永住者の配偶者等」「定住者」と違い、状況の変化によって雇用主が知らない間に在留資格を失っていたという事態も考えにくいので、この点もそう心配する必要はありません。「永住者」は、企業が外国人を雇用するときの手続きの点では一番雇いやすい在留資格です。

一方、日本国籍を取得して日本に「帰化」した元外国人に関する雇用管理ですが、帰化者は私たちと全く同じ権利・義務をもった日本国民ですから、日本人社員と全く同じように処遇すればいいだけです。特に大きな雇用上の問題はありません。ただし、二重国籍が認められている国の出身者の場合、日本のパスポートと元々持っていた国籍のパスポートを同時に2冊持っていることがあります。日本は二重国籍を認めていません。したがって、外国人が日本国籍を取得した場合、（あくまでも日本の法律では）それまで持っていた国籍は放棄しなければなりません。そのことを知らない帰化者の場合、稀に日本と多国籍のパスポートを重複して持ち、出入国のときにそれらを使い分けているようなケースがあるようです。こうした行為は、相手国の法律関係は別にしても日本では違法です。日本に帰化した外国人が、前に国籍を持っていた母国（二重国籍を認めているので帰化後もパスポートを持っている）に出張などで行く場合、査証（ビザ）が必要な国であれば、日本人としてビザを申請・取得し、日本人として出入国しなければなりません。このことを知らない帰化者や雇用主の皆さんもいるので注意してください。

第3章　初めて外国人を雇用するときの手続き
〈ステップ4・5〉～就労ビザ申請と取得・受入準備まで～

本章では、外国人を採用してから受入れまでのフロー内のステップ4・5「就労ビザ申請と取得・受入準備まで」について解説します。なお、初めて外国人を雇用する企業にとって、入国管理局に対する就労ビザの申請が、これまでに馴染みのない最も不安なプロセスになることでしょう。この手続きについては、わからないことがあれば最寄りの入国管理局や入国管理業務の専門家に相談するなど、慎重且つスピーディーに進めていくことが重要です。

■就労ビザ申請から取得・受入準備まで

●〈ステップ4〉留学生や既卒転職者を採用するときの就労ビザ申請手続（在留資格変更許可申請）

◆採用が内定した留学生を、卒業後に雇用する場合のフローとスケジュール

ここでは、留学生の採用で最も一般的な、卒業前に採用を内定して年度初めの4月1日に入社してもらう予定で就労ビザを取得するフローとスケジュールについて説明します。

※留学生の就労ビザ変更申請の受付時期や審査にかかる期間は、各地方入国管理局によって、多少異なる場合があります（後述の例は東京入国管理局の例年の取扱いです）。

【留学生の就労ビザ申請を卒業前に行うケース】

①「在留資格変更許可申請」を行う

【時期】採用内定後または3月卒業者の場合、前年12月以降

採用が内定したら、迅速に留学生の住所を管轄する入国管理局に対して在留資格「留学」から「技術・人文知識・国際業務」などの就労系の在留資格へ「**在留資格変更許可申請**」を行います。

※申請は留学生本人もしくは留学生本人から依頼を受けた申請取次の資格を持つ雇用主企業の職員または行政書士や弁護士が直接入国管理局に出向き行います。

※3月卒業者の在留資格変更申請は各地方入国管理局の受付が例年、前年12月から開始されます。

※教育機関卒業前の申請には、「卒業見込証明書」の提出が必要です。

⇓

入国管理局による審査期間は2週間～1か月程度。それ以上かかるケースもある。

※申請時期や雇用主の企業規模など申請内容によって変動する。

②在留資格変更許可の「内定」通知（※就労ビザへの変更が許可される場合）

【時期】左記は教育機関の卒業前（前年12月〜卒業前）に許可された場合

入国管理局から、提出された在留資格変更申請が許可される内容の通知（ハガキ）が申請人宛てに到着します。

※通知ハガキには、卒業後に卒業証明書やパスポートなどを持参して入国管理局に来訪するよう告知されています。

※在留資格変更許可が不許可（就労ビザへ変更ができない）の場合は、審査結果と理由を記載した通知が封書で送付されます。

⇐

③大学などの卒業後

【時期】3月末以降

入国管理局に卒業証書あるいは卒業証明書の原本、通知ハガキやパスポートなどを持参して在留資格変更を完了します。

※新しい在留資格や在留期限が記載された在留カードの交付によって在留資格の変更が完了（就労ビザ取得）です。新しい在留カードが交付された日より、就職先での就労が可能となります。

このように、留学生の採用を内定してから4月1日の入社に間に合わせたい場合は、できるだけ早く在留資格変更許可申請を行いましょう。なぜなら、就職先が決まった留学生が一斉に就労ビザ申請を行う時期が年末から翌年3月頃までであり、各地方入国管理局が最も混雑するのがその時期なのです。したがって、この時期は留学生の就労ビザ申請も含めて他の申請に関しても、結果が出るまでの審査期間が他の時期よりも長くなる傾向があります。

また、入国管理局に対する手続きについて多くの外国人留学生は十分な知識をもっていないため、就労ビザへの変更申請で申請書類に不備がある場合、入国管理局の申請受付後に追加書類の提出を要請されます。そのような追加提出に対応していると、審査にかかる期間が当初の予定から大幅に長期化するリスクがあります。したがって、手続きを本人だけにまかせてしまうと、就労ビザの取得が4月1日の入社までに間に合わなくなる可能性があるのです。

なお、このように留学生を卒業後に採用するケースに限らず、既卒の転職者を採用し在留資格変更許可を行う場合も、入国管理局の審査期間は概ね前述のとおりです。ただし転職者の場合、在留資格変更許可申請を行う申請時期はまちまちです。申請時期が入国管理局の最も混雑する年末から翌年度末に該当していなければ、前述の審査期は多少短縮されるかもしれません。

いずれにしても、どうしても入社してもらいたいと採用を内定した優秀な外国人です。就労ビザへの変更は、スムーズに迅速な許可が得られるよう、雇用主として責任をもって全面的に外国人をサポートしてください。

◆就労ビザ申請時の提出書類一覧（参考）

留学生の留学ビザから就労ビザへの変更、また、転職者がそれまで持っていた在留資格で許可されている範囲「外」の職種に就く場合に必要な在留資格変更許可申請（就労ビザの種類の変更）の手続きをしようと思ったら、まず法務省入国管理局がホームページで公開している提出書類一覧を確認してください。

・入国管理局・提出書類一覧表（在留資格変更許可申請「技術・人文知識・国際業務」）
http://www.moj.go.jp/nyuukokukanri/kouhou/nyuukokukanri07_00093.html

同サイトから、自社がいずれのカテゴリーに分類される団体なのかを確認し、必要な提出書類を確認しましょう。一覧表を見て、不明な点があれば入国管理局に電話で確認します。また、直接、窓口を訪問して対面で相談することもできます。入国管理局の連絡先情報は本書巻末に記載していますので参照してください。

なお、次頁【図⑬】は筆者が「技術・人文知識・国際業務」を含む一般的な就労系の在留資格変更にあたり、必要な提出書類の概要をまとめたものです。実際の申請では、申請人である外国人と雇用主企業の事情によって、個別に精査・検討した上で提出書類を決定し作成・提出しているため、必ずしもこのとおりになるものではありません。雇用主の皆さんが外国人の在留資格変更申請をサポートするときに、少しでも判断に迷うようなことがあれば、必ず最寄りの入国管理局か入国管理業務の専門家に相談してください。

◆在留資格変更許可申請書の記載例（参考）

在留資格変更許可申請で提出する申請用紙は各地方入国管理局の窓口でもらうこともできますが、以下の入国管理局のウェブサイトからも入手できます。

<table>
<tr><th colspan="5">所属機関（雇用主）の区分</th></tr>
<tr><th></th><th>カテゴリー１</th><th>カテゴリー２</th><th>カテゴリー３</th><th>カテゴリー４</th></tr>
<tr><td>雇用主が提出する提出する書類
※必須</td><td>① 四季報の写しなど日本の証券取引所に上場していることを証明する書類の写し</td><td>① 前年分の「給与所得の源泉徴収票等の法定調書合計表」のコピー（届出先税務署の受付印があるもの）</td><td>① 前年分の「給与所得の源泉徴収票等の法定調書合計表」のコピー（届出先税務署の受付印があるもの）
② 申請者（外国人）に交付した労働条件通知書のコピー
③ 登記事項証明書
④ 会社概要など
⑤ 直近の決算書のコピー</td><td>① 前年分の給与所得の源泉徴収票等の法定調書合計表」を提出できない場合：
・「給与支払事務所等の開設届」のコピー（届出先税務署の受付印があるもの）
・直近３か月分の給与所得・退職所得等の所得税徴収高計算書（領収日付印のあるもののコピー）
等適宜
② 申請者（外国人）に交付した労働条件通知書のコピー
③ 登記事項証明書
④ 会社概要など
⑤ 直近の決算書のコピー、新規設立法人の場合は事業計画書</td></tr>
<tr><td>本人が提出する提出書類　※必須</td><td colspan="2">① 在留資格変更許可申請書（写真貼付）
② 在留カード
③ パスポート

※大学等に在学中の申請者の場合：
④「卒業見込証明書」原本１部
（卒業後に「卒業証明書」の提出要）
※国内の専門学校卒業者の場合：
⑤ 専門学校卒業証明書（原本）１部</td><td colspan="2">① 在留資格変更許可申請書（写真貼付）
② 在留カード
③ パスポート
※大学等に在学中の申請者の場合：
④「卒業見込証明書」原本１部
（卒業後に「卒業証明書」の提出要）
※日本の専門学校卒業者の場合：
⑤ 専門学校卒業証明書（原本）１部
※既卒者で転職に伴う「在留資格変更」の場合：
⑥ 変更する在留資格の職種に関連する科目を専攻・卒業した大学等の卒業証書のコピー等
⑦ 職務経験の証明が必要な場合は前職から発行された「在職証明書」（コピー可）
⑧　履歴書</td></tr>
<tr><td>※筆者が申請代行手続きを受託した場合に補足して提出する書類</td><td colspan="2">■ 雇用主企業分：
・雇用理由書
■ 外国人本人分：
※既卒者で転職に伴う「在留資格変更」の場合：
・変更する在留資格の職種に関連する科目を専攻・卒業した大学等の卒業証書のコピー等
・職務経験の証明が必要な場合は前職から発行された「在職証明書」（コピー可）
・履歴書</td><td colspan="2">■雇用主企業分：
・雇用理由書
※以下は個別の案件ごとに必要に応じて依頼。
・労働保険や社会保険に事業主として加入していることを証明する書類
（例：保険関係成立届のコピーなど）
・事業所の賃貸借契約書のコピー、事業所の外観・内部・レイアウト図等、事業所の実態を証明する資料。
■ 外国人本人分
※必要に応じて、本人が作成した「申請理由書」</td></tr>
</table>

※所属機関の区分（カテゴリー）は、第２章で確認してください。
※欄記載の書類は、入国管理局が申請受付時に提出を要求しているものではありません。また、カテゴリー３と４の企業に関する書類については、筆者が受託する案件ごとに迅速な許可を得るために必要と判断した場合に提出をお願いしているものです。

【図⑬】在留資格変更許可申請に提出する書類一覧

・入国管理局・申請書類書式（在留資格変更許可申請「技術・人文知識・国際業務」）
http://www.moj.go.jp/content/001138354.pdf

次頁【図⑭】は、留学生が大学などの卒業後、就職のために行う在留資格変更許可申請の記載例を掲載しますので参考にしてください。

別記第三十号様式（第二十条関係）
申請人等作成用 1
For applicant, part 1

日本国政府法務省
Ministry of Justice,Government of Japan

在留資格変更許可申請書
APPLICATION FOR CHANGE OF STATUS OF RESIDENCE

写真
Photo

法務大臣殿
To the Minister of Justice

出入国管理及び難民認定法第20条第2項の規定に基づき，次のとおり在留資格の変更を申請します。
Pursuant to the provisions of Paragraph 2 of Article 20 of the Immigration Control and Refugee Recognition Act, I hereby apply for a change of status of residence.

1 国籍・地域 Nationality/Region　イギリス　　2 生年月日 Date of birth　1995 年 Year 4 月 Month 12 日 Day

3 氏名 Name　Family name Smith　Given name Mark

4 性別 Sex　男・女 Male/Female（男に○）　5 出生地 Place of birth　London, イギリス　6 配偶者の有無 Marital status　有・無 Married / Single（無に○）

7 職業 Occupation　なし　8 本国における居住地 Home town/city　1-2-3, XXX Road, XXX City, London, UK

9 住居地 Address in Japan　東京都XX区XX, XXマンション105号室

電話番号 Telephone No.　固定電話なし　携帯電話番号 Cellular phone No.　090-XXXX-XXXXX

10 旅券 Passport　(1)番号 Number　XXXXXX　(2)有効期限 Date of expiration　2020 年 Year 4 月 Month 1 日 Day

11 現に有する在留資格 Status of residence　留学　在留期間 Period of stay　2年

在留期間の満了日 Date of expiration　2018 年 Year 3 月 Month 31 日 Day

12 在留カード番号 Residence card number　EGXXXXXXXXX

13 希望する在留資格 Desired status of residence　技術・人文知識・国際業務

在留期間 Period of stay　5年　（審査の結果によって希望の期間とならない場合があります。）(It may not be as desired after examination.)

14 変更の理由 Reason for change of status of residence　今般就職が内定したABC株式会社における就労を希望するため。

15 犯罪を理由とする処分を受けたことの有無（日本国外におけるものを含む。） Criminal record (in Japan / overseas)
有（具体的内容　　） ・ 無（無に○）
Yes (Detail:　　) / No

16 在日親族（父・母・配偶者・子・兄弟姉妹など）及び同居者
Family in Japan(Father, Mother, Spouse, Son, Daughter, Brother, Sister or others) or co-residents
有（「有」の場合は，以下の欄に在日親族及び同居者を記入してください。）・無（無に○）
Yes (If yes, please fill in your family members in Japan and co-residents in the following columns) / No

続柄 Relationship	氏名 Name	生年月日 Date of birth	国籍・地域 Nationality/Region	同居の有無 Residing with applicant or not	勤務先名称・通学先名称 Place of employment/ school	在留カード番号 特別永住者証明書番号 Residence card number Special Permanent Resident Certificate number
	該当者なし			有・無 Yes / No		
				有・無 Yes / No		
				有・無 Yes / No		
				有・無 Yes / No		
				有・無 Yes / No		
				有・無 Yes / No		

※ 16については，記載欄が不足する場合は別紙に記入して添付すること。 なお，「研修」，「技能実習」に係る申請の場合は記載不要です。
Regarding item 16, if there is not enough space in the given columns to write in all of your family in Japan, fill in and attach a separate sheet.
In addition, take note that you are not required to fill in item 16 for applications pertaining to "Trainee" or "Technical Intern Training".

（注）裏面参照の上，申請に必要な書類を作成して下さい。 Note : Please fill in forms required for application. (See notes on reverse side.)

【図⑭－1】在留資格変更許可申請書・記載例
留学生の就労ビザを卒業前に申請するケース

申請人等作成用２　N（「高度専門職（１号イ・ロ）」・「高度専門職（２号）」・「研究」・「技術・人文知識・国際業務」・「介護」・「技能」・「特定活動（研究活動等）」）　（変更申請の場合のみ）
For applicant, part 2 N ("Highly Skilled Professional(i)(a/b)" / "Highly Skilled Professional(ii)" (only in cases of change of status) / "Researcher" / "Engineer / Specialist in Humanities / International Services" / "Nursing Care" / "Skilled Labor"/ "Designated Activities(Researcher or IT engineer of a designated organization)")
在留期間更新・在留資格変更用
For extension or change of status

17　勤務先　Place of employment　※ (2)及び(3)については，主たる勤務場所の所在地及び電話番号を記載すること。
For sub-items (2) and (3), give the address and telephone number of your principal place of employment.
(1)名称 Name　ABC株式会社　支店・事業所名 Name of branch　埼玉支社
(2)所在地 Address　埼玉県さいたま市大宮区XXX　(3)電話番号 Telephone No.　XXX-XXX-XXXX

18　最終学歴（介護業務従事者の場合は本邦の介護福祉士養成施設について記入）
Education (if you engage in activities of nursing care or teaching nursing care, fill in details about the certified care worker training facility in Japan)
□ 大学院（博士） Doctor　□ 大学院（修士） Master　■ 大学 Bachelor　□ 短期大学 Junior college　□ 専門学校 College of technology
□ 高等学校 Senior high school　□ 中学校 Junior high school　□ その他（　　） Others
(1)学校名 Name of school　早稲田大学　(2)卒業年月日 Date of graduation　2018 年 Year　3 月 Month　卒業見込 日 Day

19　専攻・専門分野　Major field of study
（18で大学院（博士）～短期大学の場合）(Check one of the followings when the answer to the question 18 is from doctor to junior college)
□ 法学 Law　□ 経済学 Economics　□ 政治学 Politics　□ 商学 Commercial science　■ 経営学 Business administration　□ 文学 Literature
□ 語学 Linguistics　□ 社会学 Sociology　□ 歴史学 History　□ 心理学 Psychology　□ 教育学 Education　□ 芸術学 Science of art
□ その他人文・社会科学（　　） Others(cultural / social science)　□ 理学 Science　□ 化学 Chemistry　□ 工学 Engineering
□ 農学 Agriculture　□ 水産学 Fisheries　□ 薬学 Pharmacy　□ 医学 Medicine　□ 歯学 Dentistry
□ その他自然科学（　　） Others(natural science)　□ 体育学 Sports science　□ 介護福祉 Nursing care and welfar　□ その他（　　） Others
（18で専門学校の場合）
□ 工業 Engineering　□ 農業 Agriculture　□ 医療・衛生 Medical services / Hygienics　□ 教育・社会福祉 Education / Social welfare　□ 法律 Law
□ 商業実務 Practical commercial business　□ 服飾・家政 Dress design / Home economics　□ 文化・教養 Culture / Education　□ 介護福祉 Nursing care and welfare　□ その他（　　） Others

20　情報処理技術者資格又は試験合格の有無（情報処理業務従事者のみ記入）　有・無
Does the applicant have any qualifications for information processing or has he / she passed the certifying examination? (when the applicant is engaged in information processing)　Yes / No
（資格名又は試験名）
(Name of the qualification or certifying examination)

21　職歴　Employment history

入社 Date of joining the company 年 Year	月 Month	退社 Date of leaving the company 年 Year	月 Month	勤務先名称 Place of employment	入社 Date of joining the company 年 Year	月 Month	退社 Date of leaving the company 年 Year	月 Month	勤務先名称 Place of employment
				なし					

22　代理人（法定代理人による申請の場合に記入）　Legal representative (in case of legal representative)
(1)氏名 Name　(2)本人との関係 Relationship with the applicant
(3)住所 Address
電話番号 Telephone No.　携帯電話番号 Cellular Phone No.

以上の記載内容は事実と相違ありません。　I hereby declare that the statement given above is true and correct.
申請人（法定代理人）の署名／申請書作成年月日　Signature of the applicant (representative) / Date of filling in this form
外国人本人による署名及び署名年月日を記入　年 Year　月 Month　日 Day

注意　Attention
申請書作成後申請までに記載内容に変更が生じた場合，申請人（法定代理人）が変更箇所を訂正し，署名すること。
In cases where descriptions have changed after filling in this application form up until submission of this application, the applicant (representative) must correct the part concerned and sign their name.

※ 取次者
Agent or other authorized person
(1)氏名 Name　若松　絵里　(2)住所 Address　東京都板橋区XXXX
(3)所属機関等（親族等については，本人との関係）　電話番号
Organization to which the agent belongs(in case of a relative, relationship with the applicant Telephone No.
東京都行政書士会　03-XXXX-XXXX

【図⑭－２】在留資格変更許可申請書・記載例
留学生の就労ビザを卒業前に申請するケース

所属機関等作成用 1　N（「高度専門職（1号イ・ロ）」・「高度専門職（2号）」・「研究」・「技術・人文知識・国際業務」・「介護」・「技能」・「特定活動（研究活動等）」）　（変更申請の場合のみ）　在留期間更新・在留資格変更用

For organization, part 1 N ("Highly Skilled Professional(i)(a/b)" / "Highly Skilled Professional(ii)"(only in cases of change of status) / "Researcher" / "Engineer / Specialist in Humanities / International Services" / "Nursing care" / "Skilled Labor"/ "Designated Activities(Researcher or IT engineer of a designated organization)")　For extension or change of status

1 契約又は招へいしている外国人の氏名及び在留カード番号
Name and residence card of foreign national being offered a contract or invitation

(1)氏 名 Name　Smith Mark　(2)在留カード番号 Residence card number　EGXXXXXXXXXX

2 契約の形態 Type of contract

■ 雇用 Employment　□ 委任 Entrustment　□ 請負 Service contract　□ その他（　　　　）Others

3 勤務先 Place of employment

※(5)，(8)及び(9)については，主たる勤務場所について記載すること。
For sub-items (5), (8) and (9) give the address and telephone number of employees of your principal place of employment.
※国・地方公共団体，独立行政法人，公益財団・社団法人その他非営利法人の場合は(6)及び(7)の記載は不要。
In cases of a national or local government, incorporated administrative agency, public interest incorporated association or foundation or some other nonprofit corporation, you are not required to fill in sub-items (6) and (7).

(1)名称 Name　ABC株式会社

(2)法人番号(13桁) Corporation no. (combination of 13 numbers and letters)

1	2	3	4	5	6	7	8	9	0	1	2	3

(2)支店・事業所名 Name of branch　埼玉支社

(4)事業内容 Type of business
○主たる事業内容を以下から選択して番号を記入（1つのみ）　8
Select the main business type from below and write the corresponding number (select only one)
○他に事業内容があれば以下から選択して番号を記入（複数選択可）
If there are other business types, select from below and write the corresponding number (multiple answers possible)

製造業 Manufacturing【①食料品 Food products　②繊維工業 Textile industry　③プラスチック製品 Plastic products　④金属製品 Metal products
⑤生産用機械器具 Industrial machinery and equipment　⑥電気機械器具 Electrical machinery and equipment　⑦輸送用機械器具 Transportationmachinery and equipment　⑧その他（通信機器）Others】

卸売業 Wholesale【⑨各種商品（総合商社等）Various products (general trading company, etc.)　⑩繊維・衣服等 Textile, clothing, etc.　⑪飲食料品 Food and beverages
⑫建築材料，鉱物・金属材料等 Building materials, mineral and metal materials etc.　⑬機械器具 Machinery and equipment　⑭その他（　　）Others】

小売業 Retail【⑮各種商品 Various products　⑯織物・衣服・身の回り品 Fabric, clothing, personal belongings
⑰飲食料品（コンビニエンスストア等）Food and beverages (convenience store, etc.)　⑱機械器具小売業 Machinery and equipment retailing　⑲その他（　　）Others】

学術研究，専門・技術サービス業 Academic research, specialized / technical services
【⑳学術・開発研究機関 Academic research, specialized / technical service industry　㉑専門サービス業（他に分類されないもの）Specialized service industry (not categorized elsewhere)
㉒広告業 Advertising industry　㉓技術サービス業（他に分類されないもの）Technical service industry (not categorized elsewhere)】

医療・福祉業 Medical / welfare services【㉔医療業 Medical industry　㉕保健衛生 Health and hygiene　㉖社会保険・社会福祉・介護事業 Social insurance / social welfare / nursing care】

㉗農林業 Agriculture　㉘漁業 Fishery　㉙鉱業，採石業，砂利採取業 Mining, quarrying, gravel extraction　㉚建設業 Construction　㉛電気・ガス・熱供給・水道業 Electricity, gas, heat supply, water supply
㉜情報通信業 Information and communication industry　㉝運輸・信書便事業 Transportation and correspondence　㉞金融・保険業 Finance / insurance　㉟不動産・物品賃貸業 Real estate / rental goods
㊱宿泊業 Accommodation　㊲飲食サービス業 Food and beverage service industry　㊳生活関連サービス（理容・美容等）・娯楽業 Lifestyle-related services (barber / beauty, etc.) / entertainment industry
㊴学校教育 School education　㊵その他の教育，学習支援業 Other education, learning support industry　㊶職業紹介・労働者派遣業 Employment placement / worker dispatch industry
㊷複合サービス事業（郵便局，農林水産業協同組合，事業協同組合（他に分類されないもの））
Combined services (post office, agriculture, forestry and fisheries cooperative association, business cooperative (not categorized elsewhere))
㊸その他の事業サービス業（速記・ワープロ入力・複写業，建物サービス業，警備業等）
Other business services (shorthand / word processing / copying, building services, security business, etc.)
㊹その他のサービス業（　　）Other service industries　㊺宗教 Religion　㊻公務（他に分類されないもの）Public service (not categorized elsewhere)
㊼分類不能の産業（　　）Unclassifiable industry

(5)所在地 Address　埼玉県さいたま市大宮区XXX　電話番号 Telephone No.　XXX-XXX-XXXX

(6)資本金 Capital　2億　円 Yen　(7)年間売上高（直近年度）Annual sales (latest year)　XXXXXXX　円 Yen

【図⑭－3】在留資格変更許可申請書・記載例
留学生の就労ビザを卒業前に申請するケース

所属機関等作成用 2　N（「高度専門職（1号イ・ロ）」・「高度専門職（2号）」・「研究」・「技術・人文知識・国際業務」・「介護」・「技能」・「特定活動（研究活動等）」）　（変更申請の場合のみ）　在留期間更新・在留資格変更用
For organization, part 2 N ("Highly Skilled Professional(i)(a/b)" / "Highly Skilled Professional(ii)"(only in cases of change of status) / "Researcher" / "Engineer / Specialist in Humanities / International Services" / "Nursing care" / "Skilled Labor" / "Designated Activities(Researcher or IT engineer of a designated organization)")　For extension or change of status

(8)従業員数 Number of employees　200　名　(9)外国人職員数 Number of foreign employees　0　名

4 就労予定期間 Period of work　3年（雇用契約の更新あり）

5 給与・報酬（税引き前の支払額） Salary/Reward (amount of payment before taxes)　240,000（賞与年2回あり）　円 Yen（□ 年額 Annual　■ 月額 Monthly）

6 実務経験年数 Business experience　なし　年　7 職務上の地位（役職名） Position(Title)　□ あり( ) Yes　■ なし No

8 職務内容　Type of work
○主たる職務内容を以下から選択して番号を記入（1つのみ）　19
Select the main type of work from below, and fill in the number (select only one)
○「技術・人文知識・国際業務」「高度専門職」又は「特定活動」での在留を希望する場合で，他に職務内容があれば以下から選択して番号を記入（複数選択可）　13,14
If the applicant wishes to reside in Japan with the status of residence of "Engineer / Specialist in Humanities / International Services", "Highly Skilled Professional" or "Designated Activities", and will also engage in other types of work, select from below and write the corresponding number (multiple answers possible)

(1)「研究」での在留を希望する場合
Fill in this section if the applicant wishes to reside in Japan with the status of residence of "Researcher"
①調査研究 Research

(2)「技術・人文知識・国際業務」での在留を希望する場合
Fill in this section if the applicant wishes to reside in Japan with the status of residence of "Engineer / Specialist in Humanities / International Services"
技術開発 Technology development【②農林水産分野 Agriculture, forestry, and fisheries field　③食品分野 Food products field　④機械器具分野 Machinery and equipment field　⑤その他製造分野（　）Other manufacturing field】
生産管理 Production management【⑥食品分野 Food products field　⑦機械器具分野 Machinery and equipment field　⑧その他製造分野（　）Other manufacturing field】
⑨管理業務（経営者を除く） Management work (excluding executives)　⑩調査研究 Research　⑪情報処理・通信技術 Information processing, communications technology　⑫CADオペレーション CAD operation
⑬翻訳・通訳 Translation / Interpretation　⑭海外取引業務 Overseas trading business　⑮コピーライティング Copywriting　⑯報道 Journalism　⑰編集 Editing
⑱デザイン Design　⑲企画事務（マーケティング，リサーチ） Planning administration work (marketing, research)　⑳企画事務（広報・宣伝） Planning administration work (public relations, advertising)
㉑法人営業 Corporate sales　㉒金融・保険 Finance / insurance　㉓建築・土木・測量技術 Architecture, civil engineering, surveying techniques
㉔教育（教育機関以外） Education(other than educational institutions)　㉕法律関係業務 Legal business　㉖会計事務 Accounting business　㉗その他（　） Others

(3)「技能」での在留を希望する場合
Fill in this section if the applicant wishes to reside in Japan with the status of residence of "Skilled Labor"
㉘調理 Cooking　㉙外国特有の建築技術 Foreign country-specific construction technology　㉚外国特有の製品製造 Foreign country-specific product manufacturing
㉛宝石・貴金属・毛皮加工 Jewels, precious metal, fur processing　㉜動物の調教 Animal training　㉝石油・地熱等掘削調査 Drilling survey for oil, geothermal energy, etc.
㉞パイロット Pilot　㉟スポーツ指導 Sports instruction　㊱ソムリエ Sommelier

(4)「介護」での在留を希望する場合
Fill in this section if the applicant wishes to reside in Japan with the status of residence of "Nursing care"
㊲介護福祉士 Certified care worker

(5)「高度専門職」での在留を希望する場合は，上記(1)から(4)のいずれかを主たる職務内容として選択した上で，当該活動と併せて当該活動と関連する事業を自ら経営する活動を行う場合のみ以下を選択
If the applicant wishes to reside in Japan with the status of residence of "Intra-company transferee", "Journalist" or "Highly Skilled Professional", select from (1) to (4) above as the main occupation,and only select from below if the applicant will, together with these activities, be engaging in other activities to personally operate a business related to such activities.
㊳経営（高度専門職） Executive(Highly Skilled Professional)

(6)「特定活動」（特定研究等活動（告示36号）及び特定情報処理活動（告示37号））での在留を希望する場合
Fill in this section if the applicant wishes to reside in Japan with the status of residence of "Designated Activities" (Designated Academic Research Activities (Public Notice No. 36) or Designated Information Processing Activities (Public Notice No. 37)).
㊴情報処理・通信技術者 Information processing, communications technician　㊵研究 Research　㊶研究の指導 Research guidance　㊷教育（大学等） Education(university,etc.)

【図⑭－４】在留資格変更許可申請書・記載例
留学生の就労ビザを卒業前に申請するケース

9 派遣先等（人材派遣の場合又は勤務地が3と異なる場合に記入）
Dispatch site (Fill in the following if your answer to question 3-(4) is "Dispatch of personnel" or if the place of employment differs from that given in 3)

(1)名称 Name ＿＿＿＿＿＿　(2)法人番号(13桁) Corporation no. (combination of 13 numbers and letters) ＿＿＿＿＿＿

(3)支店・事業所名 Name of branch ＿＿＿＿＿＿

(4)事業内容 Type of business
○主たる事業内容を以下から選択して番号を記入(1つのみ)
Select the main business type from below and write the corresponding number (select only one) ＿＿
○他に事業内容があれば以下から選択して番号を記入(複数選択可)
If there are other business types, select from below and write the corresponding number (multiple answers possible) ＿＿＿＿

製造業 Manufacturing【①食料品 Food products　②繊維工業 Textile industry　③プラスチック製品 Plastic products　④金属製品 Metal products
⑤生産用機械器具 Industrial machinery and equipment　⑥電気機械器具 Electrical machinery and equipment　⑦輸送用機械器具 Transportationmachinery and equipment　⑧その他（　　） Others】

卸売業 Wholesale【⑨各種商品(総合商社等) Various products (general trading company, etc.)　⑩繊維・衣服等 Textile, clothing, etc.　⑪飲食料品 Food and beverages
⑫建築材料，鉱物・金属材料等 Building materials, mineral and metal materials etc.　⑬機械器具 Machinery and equipment　⑭その他（　　） Others】

小売業 Retail【⑮各種商品 Various products　⑯織物・衣服・身の回り品 Fabric, clothing, personal belongings
⑰飲食料品(コンビニエンスストア等) Food and beverages (convenience store, etc.)　⑱機械器具小売業 Machinery and equipment retailing　⑲その他（　　） Others】

学術研究，専門・技術サービス業 Academic research, specialized / technical services
【⑳学術・開発研究機関 Academic research, specialized / technical service industry　㉑専門サービス業(他に分類されないもの) Specialized service industry (not categorized elsewhere)
㉒広告業 Advertising industry　㉓技術サービス業(他に分類されないもの) Technical service industry (not categorized elsewhere)】

医療・福祉業 Medical / welfare services【㉔医療業 Medical industry　㉕保健衛生 Health and hygiene　㉖社会保険・社会福祉・介護事業 Social insurance / social welfare / nursing care】

㉗農林業 Agriculture　㉘漁業 Fishery　㉙鉱業，採石業，砂利採取業 Mining, quarrying, gravel extraction　㉚建設業 Construction　㉛電気・ガス・熱供給・水道業 Electricity, gas, heat supply, water supply
㉜情報通信業 Information and communication industry　㉝運輸・信書便事業 Transportation and correspondence　㉞金融・保険業 Finance / insurance　㉟不動産・物品賃貸業 Real estate / rental goods
㊱宿泊業 Accommodation　㊲飲食サービス業 Food and beverage service industry　㊳生活関連サービス(理容・美容等)・娯楽業 Lifestyle-related services (barber / beauty, etc.) / entertainment industry
㊴学校教育 School education　㊵その他の教育，学習支援業 Other education, learning support industry　㊶職業紹介・労働者派遣業 Employment placement / worker dispatch industry
㊷複合サービス事業(郵便局，農林水産業協同組合，事業協同組合(他に分類されないもの))
Combined services (post office, agriculture, forestry and fisheries cooperative association, business cooperative (not categorized elsewhere))
㊸その他の事業サービス業(速記・ワープロ入力・複写業，建物サービス業，警備業等)
Other business services (shorthand / word processing / copying, building services, security business, etc.)
㊹その他のサービス業（　　） Other service industries　㊺宗教 Religion　㊻公務(他に分類されないもの) Public service (not categorized elsewhere)
㊼分類不能の産業（　　） Unclassifiable industry

(5)所在地 Address ＿＿＿＿＿＿
電話番号 Telephone No. ＿＿＿＿＿＿

【図⑭－5】在留資格変更許可申請書・記載例
留学生の就労ビザを卒業前に申請するケース

所属機関等作成用 4　N（「高度専門職（1号イ・ロ）」・「高度専門職（2号）」・「研究」・「技術・人文知識・国際業務」・「介護」・「技能」・「特定活動（研究活動等）」）　（変更申請の場合のみ）　在留期間更新・在留資格変更用

For organization, part 4 N ("Highly Skilled Professional(i)(a/b)" / "Highly Skilled Professional(ii)"(only in cases of change of status) / "Researcher" / "Engineer / Specialist in Humanities / International Services" / "Nursing care" / "Skilled Labor"/ "Designated Activities(Researcher or IT engineer of a designated organization)")　For extension or change of status

(6)資本金 Capital ＿＿＿＿＿＿＿ 円 Yen

(7)年間売上高（直近年度） Annual sales (latest year) ＿＿＿＿＿＿＿ 円 Yen

(8)派遣予定期間 Period of dispatch ＿＿＿＿＿＿＿

以上の記載内容は事実と相違ありません。　I hereby declare that the statement given above is true and correct.

勤務先又は所属機関等契約先の名称，代表者氏名の記名及び押印／申請書作成年月日

Name of the workplace or contracting organization and its representative, and official seal of the organization　／　Date of filling in this

ABC株式会社

代表取締役　山田太郎　【会社代表者印】　印 Seal　2017 年 Year　12 月 Month　8 日 Day

注意　Attention

申請書作成後申請までに記載内容に変更が生じた場合，所属機関等が変更箇所を訂正し，押印すること。

In cases where descriptions have changed after filling in this application form up until submission of this application, the organization must correct the part concerned and press its seal on the correction.

【図⑭－6】在留資格変更許可申請書・記載例
留学生の就労ビザを卒業前に申請するケース

●〈ステップ4〉国内の外国人を中途採用するときの手続き（就労資格証明書交付申請・転職後初めての在留期間更新許可申請）

◆転職後初めて行う「在留期間更新許可申請」と「就労資格証明書交付申請」にも雇用主に関する証明書類が必要

第2章で説明したように、既に国内に在留している転職者を雇用する場合、就く職務内容がそれまで持っていた在留資格の範囲内の活動（転職前と全く同じ職種の場合など）であれば、転職時の在留期限の残り期間によって「就労資格証明書交付申請」あるいは次回の就労ビザ延長時に「在留期間更新許可申請」を検討するかのいずれかを選択し外国人本人が申請します。

ここで大切な点は、いずれの申請の場合であっても在留資格変更許可申請と同様に、【図⑬】で示したカテゴリーごとに決められた雇用主に関する添付書類は必ず提出しなければなりません（在留期間更新申請で、前回の在留資格変更や在留期間更新が認められたときと同じ雇用主の下で更新を申請する場合は、既に雇用主の審査は終わっているため会社概要や決算書などの添付書類を提出する必要はありません）。

特に転職後に初めて新しい雇用主の下で行う在留期間更新申請に関しては、入国管理局のホームページ（左記）を見ると、そうした書類を提出する旨の注意書きはありません。したがって、転職先の情報を添付せずに在留期間更新申請を行うと、申請後にこうした書類の追加提出を求められる場合が多くありますので注意してください。

外国人の申請をサポートする雇用主は、就労資格証明書交付申請時と（転職後初めての）在留期間更新申請時には、【図⑬】に記載した「雇用主が提出する書類」を参考に、必要に応じて入国管理局や専門家に相談しながら、許可に必要な提出書類を作成して社員に交付してください。

・入国管理局・提出書類一覧表（在留期間更新許可申請「技術・人文知識・国際業務」）
http://www.moj.go.jp/nyuukokukanri/kouhou/nyuukokukanri07_00095.html
・入国管理局・提出書類一覧表（就労資格証明書交付申請）
http://www.moj.go.jp/ONLINE/IMMIGRATION/16-9.html

●〈ステップ4〉外国人を海外から呼び寄せるときの就労ビザ申請手続（在留資格認定証明書交付申請）

◆採用が内定した外国人の就労ビザを申請して、日本に呼び寄せる場合のフローとスケジュール

海外にいる外国人を日本に呼び寄せて雇用するためには、来日前に「在留資格認定証明書」の申請をして証明書の交付を受ける必要があります（在留資格認定証明書に関する詳細は、第2章〈ステップ2〉で確認してください）。採用を内定し、在留資格認定証明書を取得した上で日本に呼び寄せるフローとスケジュールは概ね左記のとおりです。なお、在留資格認定証明書の審査にかかる期間は、各地方入国管理局によって多少異なります。

【雇用主が代理人となって、海外にいる外国人の在留資格認定証明書を申請するケース】

①「在留資格認定証明書交付申請」を行う

【時期】採用内定後、いつでも

採用が内定したら、雇用主（所属機関）の所在地を管轄する入国管理局に対して就職する職務内

容に応じた就労系の在留資格（「技術・人文知識・国際業務」など）に関する「**留資格認定証明書交付申請**」を行います。

※申請は外国人本人（短期滞在ビザなどで日本に滞在している場合に限る）、雇用主企業の代表者や職員、または依頼を受けた申請取次の資格を持つ行政書士や弁護士が直接入国管理局に出向き行います。

⇐

入国管理局による審査期間は1～3か月程度。それ以上かかるケースもある。

※申請時期や雇用主の企業規模など申請内容によって変動。

②在留資格認定証明書の交付（※就労ビザが許可される場合）

右記の審査期間を経て、入国管理局から在留資格認定証明書の原本が申請人（雇用主が代理人として申請した場合は雇用主宛て）に到着します。

※在留資格認定証明書が不交付（就労ビザが許可されない）の場合は、審査結果と理由を記載した通知が封書で送付されます。

③雇用主より海外の内定者に在留資格認定証明書を送付 ⇐ 内定者が海外の日本大使館・領事館で査証（ビザ）を申請

雇用主より在留資格認定証明書の原本が海外にいる外国人に送付されます。受け取った外国人は海外の日本大使館・領事館において、自身のパスポートほか必要な書類を添付して在留資格認定証明書を提示し、それによって査証（ビザ）が交付されるというしくみです。なお、査証（ビザ）を取得する手続きにかかる期間ですが、これは在外の大使館ごとに異なります。在留資格認定証明書は「就労ビザの許可は完了している」という証明なので、基本的に在留資格認定証明書を提示すれば査証（ビザ）の交付はスムーズですが、在外大使館によっては申請日の即日に交付するところもあれば、申請日以降1週間以上かかるところなど様々です。

④査証（ビザ）が取得できたらいつでも来日が可能 ⇐ 来日時の空港で査証（ビザ）と在留資格認定証明書（原本）の提示

在留カードを交付される

③で査証（ビザ）が取得できれば、いつでも日本に来て就労を開始することが可能です。到着した空港などで、査証と共に要求される場合は在留資格認定証明書の原本を提示し、入国審査官の審査を受け上陸（入国）の許可を受けます。このとき、正式に在留資格や在留期間が明記された在留カードを交付され、この日以降、日本での就労が可能になります。

以上が外国人を海外から呼び寄せるときの大まかなフローです。前述のとおり、この在留資格認定証明書交付申請は、雇用主が代理人となって主体的に書類の作成・申請を行わなければならない手続きです。また、外国人が日本にいる在留資格変更申請にかかる審査期間の標準（2週間から1～2か月）と比べ、在留資格認定証明書の場合は1～3か月が標準の所要期間と言われています。したがって、海外から外国人を呼び寄せる場合は、特に**余裕をもった採用スケジュールを組むこと**が成功のコツだと言えます。在留資格変更申請と同様に、手続きの過程でわからないことがあれば入国管理局や専門家に相談するなど効率的に作業を進め、内定者に一日も早く来日してもらうよう努めてください。

◆就労ビザ申請時の提出書類一覧（参考）

海外から外国人を呼び寄せる「在留資格認定証明書交付申請」を行う場合は、始めに入国管理局がホームページで公開している提出書類一覧を確認してください。

・入国管理局・提出書類一覧表（在留資格認定証明書交付申請「技術・人文知識・国際業務」）
http://www.moj.go.jp/nyuukokukanri/kouhou/nyuukokukanri07_00089.html

当該ページで、自社がいずれのカテゴリーに分類される団体なのかを確認し、必要な提出書類を準備しましょう。

【図⑮】は、筆者が「技術・人文知識・国際業務」を含む一般的な就労系の在留資格認定証明書交付申請にあたり、必要な提出書類の概要をまとめたものです。ただし、実際の申請では申請人である外国人本人と雇用主企業の事情によって、個別に精査・検討した上で提出書類を決定し作成・提出していますので、必ずしもこのとおりになるものではありません。雇用主の皆さんが外国人の在留資格認定証明書交付申請をサポートするときに、少しでも判断に迷うようなことがあれば、必ず最寄りの入国管理局か入国管理業務の専門家に相談してください。

<table>
<tr><th></th><th colspan="4">所属機関（雇用主）の区分</th></tr>
<tr><th></th><th>カテゴリー１</th><th>カテゴリー２</th><th>カテゴリー３</th><th>カテゴリー４</th></tr>
<tr><td>雇用主が提出する提出する書類
※必須</td><td>① 在留資格認定証明書交付申請書
（申請者の写真貼付）
② 四季報の写しなど日本の証券取引所に上場していることを証明する書類の写し
③ 392 円分の切手を貼付した返信用封筒</td><td>① 在留資格認定証明書交付申請書
② 前年分の「給与所得の源泉徴収票等の法定調書合計表」のコピー（届出先税務署の受付印があるもの）
③ 392 円分の切手を貼付した返信用封筒</td><td>① 在留資格認定証明書交付申請書
② 前年分の「給与所得の源泉徴収票等の法定調書合計表」のコピー（届出先税務署の受付印があるもの）
③ 申請者（外国人）に交付した雇用契約書等のコピー
④ 登記事項証明書
⑤ 会社概要など
⑥ 直近の決算書のコピー</td><td>① 在留資格認定証明書交付申請
② 申請者（外国人）に交付した雇用契約書等のコピー
③ 登記事項証明書
④ 会社概要など
⑤ 直近の決算書のコピー、新規設立法人の場合は事業計画書
⑥ 前年分の給与所得の源泉徴収票等の法定調書合計表」を提出できない場合：
・「給与支払事務所等の開設届」のコピー（届出先税務署の受付印があるもの）
・直近３か月分の給与所得・退職所得等の所得税徴収高計算書（領収日付印のあるもののコピー）等適宜</td></tr>
<tr><td>本人が提出する提出書類　※必須</td><td colspan="2">① 証明写真

※国内の専門学校卒業者の場合：
② 専門学校卒業証明書（原本）１部</td><td colspan="2">① 証明写真

※日本の専門学校卒業者の場合：
② 専門学校卒業証明書（原本）１部

③申請する在留資格の職種に関連する科目を専攻・卒業した大学等の卒業証書のコピー等
④ 職務経験の証明が必要な場合は前職から発行された「在職証明書」（コピー可）
⑤　履歴書</td></tr>
<tr><td>※筆者が申請代行手続きを受託した場合に補足して提出する書類</td><td colspan="2">■ 雇用主企業分：
・雇用理由書
■ 外国人本人分：
※既卒者で転職に伴う「在留資格変更」の場合：
・変更する在留資格の職種に関連する科目を専攻・卒業した大学等の卒業証書のコピー等
・職務経験の証明が必要な場合は前職から発行された「在職証明書」（コピー可）
・履歴書</td><td colspan="2">■外国人本人分：
・パスポートのコピー
■雇用主企業分：
・雇用理由書
※以下は個別の案件ごとに必要に応じて依頼。
・労働保険や社会保険に事業主として加入していることを証明する書類
（例：保険関係成立届のコピーなど）
・事業所の賃貸借契約書のコピー、事業所の外観・内部・レイアウト図等、事業所の実態を証明する写真など。
■ 外国人本人分
※必要に応じて、本人が作成した「申請理由書」</td></tr>
</table>

※所属機関の区分（カテゴリー）は、第２章で確認してください。
※欄記載の書類は入国管理局が申請受付時に提出を要求しているものではありません。また、カテゴリー３と４の企業に関する書類については、筆者が受託する案件ごとに迅速な許可を得るために必要と判断した場合に提出をお願いしているものです。

【図⑮】在留資格認定証明書交付申請に提出する書類一覧

◆在留資格認定証明書交付申請書の記載例（参考）

在留資格認定証明書交付申請で提出する申請用紙は各地方入国管理局の窓口で受け取ることができますが、以下の入国管理局のウェブサイトからも入手できます。

・入国管理局・申請書類書式（在留資格認定証明書交付申請「技術・人文知識・国際業務」）
http://www.moj.go.jp/content/001231164.pdf

また、【図⑯】は一般的な在留資格認定証明書交付申請の記載例です。こちらも参考にしてください。

◆雇用主作成の「雇用理由書」は重要な立証書類に

雇用主が作成する**雇用理由書**は重要です。入国管理局が公開している必須提出書類リストには入っていませんが、雇用理由書が提出された場合に審査官は様々な提出書類と併せて吟味し、許可・不許可の判断を下しているとされています。筆者も就労ビザ申請の代行業務を委託されたときには、たとえ雇用主がカテゴリー1や2であっても、大抵の場合は作成をお願いしています。それだけ重

別記第六号の三様式(第六条の二関係)
申請人等作成用 1
For applicant, part 1

日本国政府法務省
Ministry of Justice, Government of Japan

在留資格認定証明書交付申請書
APPLICATION FOR CERTIFICATE OF ELIGIBILITY

写真
Photo
40mm × 30mm

法務大臣殿
To the Minister of Justice

出入国管理及び難民認定法第7条の2の規定に基づき，次のとおり同法第7条第1項第2号に掲げる条件に適合している旨の証明書の交付を申請します。
Pursuant to the provisions of Article 7-2 of the Immigration Control and Refugee Recognition Act, I hereby apply for the certificate showing eligibility for the conditions provided for in 7, Paragraph 1, Item 2 of the said Act.

1 国籍・地域 Nationality/Region: 中国
2 生年月日 Date of birth: 1987 年 Year 11 月 Month 2 日 Day

3 氏名 Name: Family name WAN　Given name XXXXX 王 XXXXXX

4 性別 Sex: (男) Male / 女 Female
5 出生地 Place of birth: 吉林,中国
6 配偶者の有無 Marital status: 有 Married / (無) Single

7 職業 Occupation: 会社員
8 本国における居住地 Home town/city: XXXX XXXX、上海市、中国

9 日本における連絡先 Address in Japan: 東京都港区XXX, XXX, 株式会社ABC, 人事部 (所属機関)
電話番号 Telephone No.: 03-XXXX-XXXX ※所属機関の代表番号
携帯電話番号 Cellular phone No.: 090-XXXX-XXXX ※人事担当者等の携帯番号

10 旅券 Passport (1)番号 Number: XXXXXXXXX
(2)有効期限 Date of expiration: 2025 年 Year 4 月 Month 1 日 Day

11 入国目的(次のいずれか該当するものを選んでください。) Purpose of entry: check one of the followings

□ I「教授」 "Professor"	□ I「教育」 "Instructor"	□ J「芸術」 "Artist"	□ J「文化活動」 "Cultural Activities"	□ K「宗教」 "Religious Activities"	□ L「報道」 "Journalist"
□ L「企業内転勤」 "Intra-company Transferee"	□ L「研究(転勤)」 "Researcher (Transferee)"	□ M「経営・管理」 "Business Manager"	□ N「研究」 "Researcher"		
■ N「技術・人文知識・国際業務」 "Engineer / Specialist in Humanities / International Services"	□ N「介護」 "Nursing Care"	□ N「技能」 "Skilled Labor"	□ N「特定活動(研究活動等)」 "Designated Activities (Researcher or IT engineer of a designated org)"		
□ V「特定技能(1号)」 "Specified Skilled Worker (i)"	□ V「特定技能(2号)」 "Specified Skilled Worker (ii)"	□ O「興行」 "Entertainer"	□ P「留学」 "Student"	□ Q「研修」 "Trainee"	
□ Y「技能実習(1号)」 "Technical Intern Training (i)"	□ Y「技能実習(2号)」 "Technical Intern Training (ii)"	□ Y「技能実習(3号)」 "Technical Intern Training (iii)"			
□ R「家族滞在」 "Dependent"	□ R「特定活動(研究活動等家族)」 "Designated Activities (Dependent of Researcher or IT engineer of a designated org)"	□ R「特定活動(EPA家族)」 "Designated Activities(Dependent of EPA)"			
□ T「日本人の配偶者等」 "Spouse or Child of Japanese National"	□ T「永住者の配偶者等」 "Spouse or Child of Permanent Resident"	□ T「定住者」 "Long Term Resident"			
□「高度専門職(1号イ)」 "Highly Skilled Professional(i)(a)"	□「高度専門職(1号ロ)」 "Highly Skilled Professional(i)(b)"	□「高度専門職(1号ハ)」 "Highly Skilled Professional(i)(c)"	□ U「その他」 Others		

12 入国予定年月日 Date of entry: 2018 年 Year 5 月 Month 1 日 Day
13 上陸予定港 Port of entry: 成田空港

14 滞在予定期間 Intended length of stay: 5年以上
15 同伴者の有無 Accompanying persons, if any: 有 Yes / (無) No

16 査証申請予定地 Intended place to apply for visa: 北京

17 過去の出入国歴 Past entry into / departure from Japan: (有) Yes / 無 No
(上記で『有』を選択した場合) (Fill in the followings when the answer is "Yes")
回数 5 回 time(s)　直近の出入国歴 The latest entry from 2018 年 Year 1 月 Month 5 日 Day から to 2018 年 Year 1 月 Month 12 日 Day

18 犯罪を理由とする処分を受けたことの有無(日本国外におけるものを含む。) Criminal record (in Japan / overseas)
有(具体的内容　　　) ・ (無)
Yes (Detail:　　　) / No

19 退去強制又は出国命令による出国の有無 Departure by deportation /departure order: 有 Yes / (無) No
(上記で『有』を選択した場合) (Fill in the followings when the answer is "Yes")
回数　　回 time(s)　直近の送還歴 The latest departure by deportation　　年 Year　　月 Month　　日 Day

20 在日親族(父・母・配偶者・子・兄弟姉妹など)及び同居者
Family in Japan (Father, Mother, Spouse, Son, Daughter, Brother, Sister or others) or co-residents
(有)(「有」の場合は，以下の欄に在日親族及び同居者を記入してください。) ・ 無
Yes (If yes, please fill in your family members in Japan and co-residents in the following columns) / No

続柄 Relationship	氏名 Name	生年月日 Date of birth	国籍・地域 Nationality/Region	同居予定の有無 Intended to reside with applicant or not	勤務先名称・通学先名称 Place of employment/school	在留カード番号 特別永住者証明書番号 Residence card number Special Permanent Resident Certificate number
姉	WAN XXXXXX	1985.2.26	中国	有・(無) Yes / No	株式会社DEF	HEXXXXXXXXXX
				有・無 Yes / No		
				有・無 Yes / No		
				有・無 Yes / No		

※ 20については，記載欄が不足する場合は別紙に記入して添付すること。なお，「研修」，「技能実習」に係る申請の場合は記載不要です。
Regarding item 20, if there is not enough space in the given columns to write in all of your family in Japan, fill in and attach a separate sheet.
In addition, take note that you are not required to fill in item 20 for applications pertaining to "Trainee" / "Technical Intern Training".

(注) 裏面参照の上，申請に必要な書類を作成して下さい。 Note : Please fill in forms required for application. (See notes on reverse side.)

【図⑯－1】在留資格認定証明書交付申請書・記載例
雇用主が代理人となって申請するケース

申請人等作成用２　Ｎ（「高度専門職（1号イ・ロ）」・「研究」・「技術・人文知識・国際業務」・「介護」・「技能」・「特定活動（研究活動等）」）
For applicant, part 2 N ("Highly Skilled Professional(i)(a/b)" / "Researcher" / "Engineer / Specialist in Humanities / International Services" / "Nursing Care" / "Skilled Labor" / "Designated Activities(Researcher or IT engineer of a designated organization)")

在留資格認定証明書用
For certificate of eligibility

21 勤務先 Place of employment
※ (2)及び(3)については，主たる勤務場所の所在地及び電話番号を記載すること。
For sub-items (2) and (3), give the address and telephone number of your principal place of employment.

(1)名称 Name　株式会社ABC　　支店・事業所名 Name of branch

(2)所在地 Address　東京都港区XXX,XXXX　　(3)電話番号 Telephone No.　03-XXXX-XXXX

22 最終学歴（介護業務従事者の場合は本邦の介護福祉士養成施設について記入）
Education (if you engage in activities of nursing care or teaching nursing care, fill in details about the certified care worker training facility in Japan)

□ 大学院（博士） Doctor　■ 大学院（修士） Master　□ 大学 Bachelor　□ 短期大学 Junior college　□ 専門学校 College of technology
□ 高等学校 Senior high school　□ 中学校 Junior high school　□ その他（　　） Others

(1)学校名 Name of school　吉林●●大学　　(2)卒業年月日 Date of graduation　2012 年 Year　7 月 Month　日 Day

23 専攻・専門分野 Major field of study
(22で大学院（博士）～短期大学の場合) (Check one of the followings when the answer to the question 22 is from doctor to junior college)

□ 法学 Law　□ 経済学 Economics　□ 政治学 Politics　□ 商学 Commercial science　□ 経営学 Business administration　□ 文学 Literature
□ 語学 Linguistics　□ 社会学 Sociology　□ 歴史学 History　□ 心理学 Psychology　□ 教育学 Education　□ 芸術学 Science of art
□ その他人文・社会科学（　　） Others(cultural / social science)　□ 理学 Science　□ 化学 Chemistry　□ 工学 Engineering
□ 農学 Agriculture　□ 水産学 Fisheries　□ 薬学 Pharmacy　□ 医学 Medicine　□ 歯学 Dentistry
□ その他自然科学（　　） Others(natural science)　□ 体育学 Sports science　□ 介護福祉 Nursing care and welfare　■ その他（美術・デザイン） Others

(22で専門学校の場合) (Check one of the followings when the answer to the question 22 is college of technology)

□ 工業 Engineering　□ 農業 Agriculture　□ 医療・衛生 Medical services / Hygienics　□ 教育・社会福祉 Education / Social welfare　□ 法律 Law
□ 商業実務 Practical commercial business　□ 服飾・家政 Dress design / Home economics　□ 文化・教養 Culture / Education　□ 介護福祉 Nursing care and welfare　□ その他（　　） Others

24 情報処理技術者資格又は試験合格の有無（情報処理業務従事者のみ記入）　有 Yes ・ 無 No
Does the applicant have any qualifications for information processing or has he / she passed the certifying examination? (when the applicant is engaged in information processing)
(資格名又は試験名)
(Name of the qualification or certifying examination)

25 職歴 Employment history

入社 Date of joining the company 年 Year	入社 月 Month	退社 Date of leaving the company 年 Year	退社 月 Month	勤務先名称 Place of employment	入社 Date of joining the company 年 Year	入社 月 Month	退社 Date of leaving the company 年 Year	退社 月 Month	勤務先名称 Place of employment
2012	10	－	－	●●デザインオフィス（上海市）入社					
				グラフィックデザイナーとして勤務					
				現在も勤務中					

26 申請人，法定代理人，法第7条の2第2項に規定する代理人
(Applicant, legal representative or the authorized representative, prescribed in Paragraph 2 of Article 7-2.)

(1)氏名 Name　山田 太郎　　(2)本人との関係 Relationship with the applicant　所属機関の代表取締役

(3)住所 Address　東京都港区XXX,XXXX

電話番号 Telephone No.　03-XXXX-XXXX　　携帯電話番号 Cellular Phone No.　090-XXXX-XXXX

以上の記載内容は事実と相違ありません。 I hereby declare that the statement given above is true and correct.
申請人（代理人）の署名／申請書作成年月日 Signature of the applicant (representative) / Date of filling in this form

株式会社ABC 代表取締役 山田太郎 （署名）及び署名年月日　　年 Year　月 Month　日 Day

注意 申請書作成後申請までに記載内容に変更が生じた場合，申請人（代理人）が変更箇所を訂正し，署名すること。
Attention　In cases where descriptions have changed after filling in this application form up until submission of this application, the applicant (representative) must correct the part concerned and sign their name.

※ 取次者 Agent or other authorized person

(1)氏名 Name　若松絵里　　(2)住所 Address　東京都板橋区XXXX

(3)所属機関等 Organization to which the agent belongs　東京都行政書士会　　電話番号 Telephone No.　03-XXXX-XXXX

【図⑯－２】在留資格認定証明書交付申請書・記載例
雇用主が代理人となって申請するケース

所属機関等作成用 1　N（「高度専門職（1号イ・ロ）」・「研究」・「技術・人文知識・国際業務」・「介護」・「技能」・「特定活動（研究活動等）」）

For organization, part 1 N ("Highly Skilled Professional(i)(a/b)" / "Researcher" / "Engineer / Specialist in Humanities / International Services", 在留資格認定証明書用
"Nursing Care" / "Skilled Labor" / "Designated Activities(Researcher or IT engineer of a designated organization)")　For certificate of eligibility

1 契約又は招へいする外国人の氏名
Name of foreign national being offered a contract or invitation　WAN XXXX, 王 XXXX

2 契約の形態　Type of contract
■ 雇用 Employment　□ 委任 Entrustment　□ 請負 Service contract　□ その他（　　） Others

3 所属機関等契約先　Place of employment
※(5), (8)及び(9)については，主たる勤務場所について記載すること。
For sub-items (5), (8) and (9) give the address and telephone number of employees of your principal place of employment.
※国・地方公共団体，独立行政法人，公益財団・社団法人その他非営利法人の場合は(6)及び(7)の記載は不要。
In cases of a national or local government, incorporated administrative agency, public interest incorporated association or foundation or some other nonprofit corporation, you are not required to fill in sub-items (6) and (7).

(1)名称 Name　株式会社ABC
(2)法人番号（13桁） Corporation no. (combination of 13 numbers and letters)　1 2 3 4 5 6 7 8 9 0 1 2 3

(3)支店・事業所名 Name of branch

(4)事業内容 Type of business
○主たる事業内容を以下から選択して番号を記入（1つのみ）
Select the main business type from below and write the corresponding number (select only one)　44

○他に事業内容があれば以下から選択して番号を記入（複数選択可）
If there are other business types, select from below and write the corresponding number (multiple answers possible)

製造業 Manufacturing【①食料品 Food products　②繊維工業 Textile industry　③プラスチック製品 Plastic products　④金属製品 Metal products
⑤生産用機械器具 Industrial machinery and equipment　⑥電気機械器具 Electrical machinery and equipment　⑦輸送用機械器具 Transportationmachinery and equipment　⑧その他（　） Others】

卸売業 Wholesale【⑨各種商品（総合商社等） Various products (general trading company, etc.)　⑩繊維・衣服等 Textile, clothing, etc.　⑪飲食料品 Food and beverages
⑫建築材料，鉱物・金属材料等 Building materials, mineral and metal materials etc.　⑬機械器具 Machinery and equipment　⑭その他（　） Others】

小売業 Retail【⑮各種商品 Various products　⑯織物・衣服・身の回り品 Fabric, clothing, personal belongings
⑰飲食料品（コンビニエンスストア等） Food and beverages (convenience store, etc.)　⑱機械器具小売業 Machinery and equipment retailing　⑲その他（　） Others】

学術研究，専門・技術サービス業 Academic research, specialized / technical services
【⑳学術・開発研究機関 Academic research, specialized / technical service industry　㉑専門サービス業（他に分類されないもの） Specialized service industry (not categorized elsewhere)
㉒広告業 Advertising industry　㉓技術サービス業（他に分類されないもの） Technical service industry (not categorized elsewhere)】

医療・福祉業 Medical / welfare services【㉔医療業 Medical industry　㉕保健衛生 Health and hygiene　㉖社会保険・社会福祉・介護事業 Social insurance / social welfare / nursing care】

㉗農林業 Agriculture　㉘漁業 Fishery　㉙鉱業，採石業，砂利採取業 Mining, quarrying, gravel extraction　㉚建設業 Construction　㉛電気・ガス・熱供給・水道業 Electricity, gas, heat supply, water supply
㉜情報通信業 Information and communication industry　㉝運輸・信書便事業 Transportation and correspondence　㉞金融・保険業 Finance / insurance　㉟不動産・物品賃貸業 Real estate / rental goods
㊱宿泊業 Accommodation　㊲飲食サービス業 Food and beverage service industry　㊳生活関連サービス（理容・美容等）・娯楽業 Lifestyle-related services (barber / beauty, etc.) / entertainment industry
㊴学校教育 School education　㊵その他の教育，学習支援業 Other education, learning support industry　㊶職業紹介・労働者派遣業 Employment placement / worker dispatch industry
㊷複合サービス事業（郵便局，農林水産業協同組合，事業協同組合（他に分類されないもの））
Combined services (post office, agriculture, forestry and fisheries cooperative association, business cooperative (not categorized elsewhere))
㊸その他の事業サービス業（速記・ワープロ入力・複写業，建物サービス業，警備業等）
Other business services (shorthand / word processing / copying, building services, security business, etc.)
㊹その他のサービス業（ 広告業 ） Other service industries　㊺宗教 Religion　㊻公務（他に分類されないもの） Public service (not categorized elsewhere)
㊼分類不能の産業（　） Unclassifiable industry

(5)所在地 Address　東京都港区XXX, XXXX　電話番号 Telephone No.　03-XXXX-XXXX
(6)資本金 Capital　3,000万 円 Yen　(7)年間売上高（直近年度） Annual sales (latest year)　XXX,XXX,XXX 円 Yen

【図⑯－3】在留資格認定証明書交付申請書・記載例
雇用主が代理人となって申請するケース

所属機関等作成用 2　N （「高度専門職（1号イ・ロ）」・「研究」・「技術・人文知識・国際業務」・「介護」・「技能」・「特定活動（研究活動等）」）

For organization, part 2 N ("Highly Skilled Professional(i)(a/b)" / "Researcher" / "Engineer / Specialist in Humanities / International Services "/ "Nursing Care" / "Skilled Labor" / "Designated Activities(Researcher or IT engineer of a designated organization)")

在留資格認定証明書用
For certificate of eligibility

(8)従業員数 Number of employees　25　名　(9)外国人職員数 Number of foreign employees　1　名

4 就労予定期間 Period of work　5年以上（期間の定めなし）

5 給与・報酬（税引き前の支払額） Salary/Reward (amount of payment before taxes)　350,000　円 Yen（□ 年額 Annual　■ 月額 Monthly）

6 実務経験年数 Business experience　3　年　契約更新あり

7 職務上の地位（役職名） Position(Title)　■ あり Yes（グラフィック デザイナー）　□ なし No

8 職務内容　Type of work

○主たる職務内容を以下から選択して番号を記入（1つのみ）
Select the main type of work from below, and fill in the number (select only one)　27

○「技術・人文知識・国際業務」「高度専門職」又は「特定活動」での入国を希望する場合で，他に職務内容があれば以下から選択して番号を記入（複数選択可）
If the applicant wishes to enter Japan with the status of residence of "Engineer / Specialist in Humanities / International Services", "Highly Skilled Professional" or "Designated Activities", and will also engage in other types of work, select from below and write the corresponding number (multiple answers possible)

(1)「研究」での入国を希望する場合
Fill in this section if the applicant wishes to enter Japan with the status of residence of "Researcher".
①調査研究 Research

(2)「技術・人文知識・国際業務」での入国を希望する場合
Fill in this section if the applicant wishes to enter Japan with the status of residence of "Engineer / Specialist in Humanities / International Services".
技術開発 Technology development【②農林水産分野 Agriculture, forestry, and fisheries field　③食品分野 Food products field　④機械器具分野 Machinery and equipment field　⑤その他製造分野（　　）Other manufacturing field】
生産管理 Production management【⑥食品分野 Food products field　⑦機械器具分野 Machinery and equipment field　⑧その他製造分野（　　）Other manufacturing field】
⑨管理業務（経営者を除く） Management work (excluding executives)　⑩調査研究 Research　⑪情報処理・通信技術 Information processing, communications technology　⑫CADオペレーション CAD operation
⑬翻訳・通訳 Translation / Interpretation　⑭海外取引業務 Overseas trading business　⑮コピーライティング Copywriting　⑯報道 Journalism　⑰編集 Editing
⑱デザイン Design　⑲企画事務（マーケティング，リサーチ） Planning administration work (marketing, research)　⑳企画事務（広報・宣伝） Planning administration work (public relations, advertising)
㉑法人営業 Corporate sales　㉒金融・保険 Finance / insurance　㉓建築・土木・測量技術 Architecture, civil engineering, surveying techniques
㉔教育（教育機関以外） Education(other than educational institutions)　㉕法律関係業務 Legal business　㉖会計事務 Accounting business　㉗その他（グラフィックデザイン） Others

(3)「技能」での入国を希望する場合
Fill in this section if the applicant wishes to enter Japan with the status of residence of "Skilled Labor".
㉘調理 Cooking　㉙外国特有の建築技術 Foreign country-specific construction technology　㉚外国特有の製品製造 Foreign country-specific product manufacturing
㉛宝石・貴金属・毛皮加工 Jewels, precious metal, fur processing　㉜動物の調教 Animal training　㉝石油・地熱等掘削調査 Drilling survey for oil, geothermal energy, etc.
㉞パイロット Pilot　㉟スポーツ指導 Sports instruction　㊱ソムリエ Sommelier

(4)「介護」での入国を希望する場合
Fill in this section if the applicant wishes to enter Japan with the status of residence of "Nursing Care".
㊲介護福祉士 Certified care worker

(5)「高度専門職」での入国を希望する場合は，上記(1)から(4)のいずれかを主たる職務内容として選択した上で，当該活動と併せて当該活動と関連する事業を自ら経営する活動を行う場合のみ以下を選択
If the applicant wishes to enter Japan with the status of residence of "Intra-company transferee", "Journalist" or "Highly Skilled Professional", select from (1) to (4) above as the main occupation,and only select from below if the applicant will, together with these activities, be engaging in other activities to personally operate a business related to such activities.
㊳経営（高度専門職） Executive(Highly Skilled Professional)

(6)「特定活動」（特定研究等活動（告示36号）及び特定情報処理活動（告示37号））での入国を希望する場合
Fill in this section if the applicant wishes to enter Japan with the status of residence of "Designated Activities" (Designated Academic Research Activities (Public Notice No. 36) or Designated Information Processing Activities (Public Notice No. 37)).
㊴情報処理・通信技術者 Information processing, communications technician　㊵研究 Research　㊶研究の指導 Research guidance　㊷教育（大学等） Education(university,etc.)

【図⑯－４】在留資格認定証明書交付申請書・記載例
雇用主が代理人となって申請するケース

所属機関等作成用 3　N（「高度専門職（1号イ・ロ）」・「研究」・「技術・人文知識・国際業務」・「介護」・「技能」・「特定活動（研究活動等）」）
For organization, part 3 N ("Highly Skilled Professional(i)(a/b)" / "Researcher" / "Engineer / Specialist in Humanities / International Services" / "Nursing Care" / "Skilled Labor" / "Designated Activities(Researcher or IT engineer of a designated organization)")　在留資格認定証明書用 For certificate of eligibility

9 派遣先等（人材派遣の場合又は勤務地が3と異なる場合に記入）
Dispatch site (Fill in the following if your answer to question 3-(4) is "Dispatch of personnel" or if the place of employment differs from that given in 3)

(1)名称 Name ＿＿＿＿＿＿　(2)法人番号（13桁） Corporation no. (combination of 13 numbers and letters)

(3)支店・事業所名 Name of branch ＿＿＿＿＿＿

(4)事業内容 Type of business
○主たる事業内容を以下から選択して番号を記入（1つのみ）
Select the main business type from below and write the corresponding number (select only one)

○他に事業内容があれば以下から選択して番号を記入（複数選択可）
If there are other business types, select from below and write the corresponding number (multiple answers possible)

製造業 Manufacturing【①食料品 Food products　②繊維工業 Textile industry　③プラスチック製品 Plastic products　④金属製品 Metal products　⑤生産用機械器具 Industrial machinery and equipment　⑥電気機械器具 Electrical machinery and equipment　⑦輸送用機械器具 Transportationmachinery and equipment　⑧その他（　　）Others】

卸売業 Wholesale【⑨各種商品（総合商社等） Various products (general trading company, etc.)　⑩繊維・衣服等 Textile, clothing, etc.　⑪飲食料品 Food and beverages　⑫建築材料，鉱物・金属材料等 Building materials, mineral and metal materials etc.　⑬機械器具 Machinery and equipment　⑭その他（　　）Others】

小売業 Retail【⑮各種商品 Various products　⑯織物・衣服・身の回り品 Fabric, clothing, personal belongings　⑰飲食料品（コンビニエンスストア等） Food and beverages (convenience store, etc.)　⑱機械器具小売業 Machinery and equipment retailing　⑲その他（　　）Others】

学術研究，専門・技術サービス業 Academic research, specialized / technical services
【⑳学術・開発研究機関 Academic research, specialized / technical service industry　㉑専門サービス業（他に分類されないもの） Specialized service industry (not categorized elsewhere)　㉒広告業 Advertising industry　㉓技術サービス業（他に分類されないもの） Technical service industry (not categorized elsewhere)】

医療・福祉業 Medical / welfare services【㉔医療業 Medical industry　㉕保健衛生 Health and hygiene　㉖社会保険・社会福祉・介護事業 Social insurance / social welfare / nursing care】

㉗農林業 Agriculture　㉘漁業 Fishery　㉙鉱業，採石業，砂利採取業 Mining, quarrying, gravel extraction　㉚建設業 Construction　㉛電気・ガス・熱供給・水道業 Electricity, gas, heat supply, water supply
㉜情報通信業 Information and communication industry　㉝運輸・信書便事業 Transportation and correspondence　㉞金融・保険業 Finance / insurance　㉟不動産・物品賃貸業 Real estate / rental goods
㊱宿泊業 Accommodation　㊲飲食サービス業 Food and beverage service industry　㊳生活関連サービス（理容・美容等）・娯楽業 Lifestyle-related services (barber / beauty, etc.) / entertainment industry
㊴学校教育 School education　㊵その他の教育，学習支援業 Other education, learning support industry　㊶職業紹介・労働者派遣業 Employment placement / worker dispatch industry
㊷複合サービス事業（郵便局，農林水産業協同組合，事業協同組合（他に分類されないもの）） Combined services (post office, agriculture, forestry and fisheries cooperative association, business cooperative (not categorized elsewhere))
㊸その他の事業サービス業（速記・ワープロ入力・複写業，建物サービス業，警備業等） Other business services (shorthand / word processing / copying, building services, security business, etc.)
㊹その他のサービス業（　　） Other service industries　㊺宗教 Religion　㊻公務（他に分類されないもの） Public service (not categorized elsewhere)
㊼分類不能の産業（　　） Unclassifiable industry

(5)所在地 Address ＿＿＿＿＿＿
電話番号 Telephone No. ＿＿＿＿＿＿

【図⑯－5】在留資格認定証明書交付申請書・記載例
雇用主が代理人となって申請するケース

所属機関等作成用４　Ｎ（「高度専門職（1号イ・ロ）」・「研究」・「技術・人文知識・国際業務」・「介護」・「技能」・「特定活動（研究活動等）」）
For organization, part 4 N ("Highly Skilled Professional(i)(a/b)" / "Researcher" / "Engineer / Specialist in Humanities / International Services " / "Nursing Care" / "Skilled Labor" / "Designated Activities(Researcher or IT engineer of a designated organization)")
在留資格認定証明書用
For certificate of eligibility

(6)資本金 Capital ＿＿＿＿＿＿ 円 Yen

(7)年間売上高（直近年度） Annual sales (latest year) ＿＿＿＿＿＿ 円 Yen

(8)派遣予定期間 Period of dispatch ＿＿＿＿＿＿

以上の記載内容は事実と相違ありません。 I hereby declare that the statement given above is true and correct.
勤務先又は所属機関等契約先の名称，代表者氏名の記名及び押印／申請書作成年月日
Name of the workplace or contracting organization and its representative, and official seal of the organization ／ Date of filling in this form

株式会社ABC
代表取締役　山田太郎　【会社代表者印】　印 Seal　2018 年 Year　3 月 Month　1 日 Day

注意　Attention
申請書作成後申請までに記載内容に変更が生じた場合，所属機関等が変更箇所を訂正し，押印すること。
In cases where descriptions have changed after filling in this application form up until submission of this application, the organization must correct the part concerned and press its seal on the correction.

【図⑯－６】在留資格認定証明書交付申請書・記載例
雇用主が代理人となって申請するケース

要なものであると考えてください。

前掲の在留資格変更許可申請書や在留資格認定証明書の記載例を見ると、就労ビザが許可されるための重要な要件である、**申請人（外国人）が入社後どのような職務を行うのか、そしてその職種に対応する学歴や職歴を申請人が備えているのか**などの重要なポイントについては、申請書にチェックを入れて申告が完了する形式です。

上場企業などは基本的に申請書のみを提出すればよく、それ以外の一般的な雇用主の場合でも雇用契約書や外国人の学歴を証明する書類は添付しますが、その場合でも入国審査官は外国人が具体的にどのような職務に従事するのか、持っている学歴や職歴にマッチしている職務内容なのか、提出された書類だけでは判断できないときがあります。

そのようなケースでは、入国管理局は（カテゴリー1や2の企業であっても）申請後に「どのような職務に就くのか文書で説明してください」という追加要請を行います。このような追加要請に対応しなければならないと、審査期間が当初予想していたよりも長期化してしまいます。したがって、申請当初の時点で雇用主がこれら「**入国審査官が一番知りたいこと**」を盛り込んだ雇用理由書を作成し添付資料として提出しておけば、審査期間の短縮につながるのです。どのカテゴリーの雇用主であってもできるだけ雇用理由書は提出した方がいいでしょう。

【図⑰】は、外国人留学生を新卒で採用して就労ビザを申請するときに添付する雇用理由書の記載例です。こうした例を参考に、自社の実情に合った効果的な雇用理由書を作成してください。この例は新卒用の内容ですが、転職者の雇用理由書にも応用していただけます。記載する内容は、「**雇用主の会社概要**」「**入社後に行う具体的な業務内容**」「**雇用する外国人の専門性**」の3点が主な重要ポイントとなります。

東京入国管理局長殿

20ＸＸ年３月Ｘ日

雇用理由書

雇用者：東京都●●区●●●●
株式会社 ABC
代表取締役　ＸＸＸＸ　（印）

申請者：XXXX　（国籍：中国/19XX 年 X 月 X 日生・男性）
（職種：　海外営業／輸出貿易実務・海外顧客の対応等）

<u>弊社の概要と現況</u>

弊社は、19XX 年に設立され、来年で XX 周年を迎える、自動車部品・用品の国内卸売および輸出入を行っている企業です。

現在、売上の大部分を国内営業が占めていますが、今回採用を希望する XXXX 氏に担当してもらう予定の海外営業は、弊社の今後の成長戦略上、最も注力している分野です。

特に、高度成長が続く中国市場は、弊社が特に重要視している市場であり、当該市場の販路拡大のため、20XX 年には、上海市において駐在員事務所を開設、更に 20XX 年には現地法人を設立し業績拡大に努めてきました。その甲斐あって、現地法人の業績は今期も引き続き順調な拡大を続けています。

なお、弊社の直近の決算（連結）は●●●●円を計上し、中国法人の売上も今期は●●●元（●●●円）で設立以来５年連続、過去最高の数字を記録しています。

<u>XXXX 氏採用の経緯と在留資格変更申請の理由</u>

近年、弊社では、既に進出している中国市場の業績拡大に伴って、日本本社の海外営業部内において中国を担当する職員の拡充が急務となっています。

弊社の主な事業は、国内メーカーから仕入れた日本車の部品を海外に輸出する事ですが、この輸出業務を担っているのが弊社の海外営業部です。

当該海外営業部に配置する社員には、弊社が取り扱う自動車部品に関連する専門知識に加え、輸出相手先である海外メーカーと日本国内メーカーとの折衝に必要な外国語能力と日本語能力が同時に求められます。

今般、大学の就職課を通じた求人を通して採用を決定した、ＸＸＸＸ氏は、20XX 年に来日、XXXX 大学（東京都ＸＸ区）において１年間の日本語研修の後、同大の情報学部・経営情報学科に編入、20ＸＸ年３月末に同大を卒業予定です。

別添の履歴書からもお分かり頂けるとおり、ＸＸＸＸ氏は、日本での約３年間の留学及び滞在経験を通して身につけた高い日本語能力（日本語検定１級）はもちろん、日本留学前に母国中国では、ＸＸ省交通職業技術学院において自動車整備に関する知識も学んでいて、中国では日本の１級整備士資格に相当する、自動車整備士・上級を取得しています。


以上の通り、ＸＸＸＸ氏は前述した弊社が求める、海外営業担当職としてのニーズに完全に合致しており、今後の中国市場拡大のためには必要不可欠の優秀な人材です。

弊社への入社が実現したら、当面の間は、日本国内において、輸出に関する貿易実務や自動車部品に関する専門知識を磨いてもらいつつ、海外営業として中国市場の営業担当を任せますが、将来は、弊社中国法人に配置し、責任者として処遇することも計画しています。

以上、弊社の業務上の要請と諸事情をご理解頂き、何卒、ＸＸＸＸ氏に関して在留資格変更許可の速やかなご許可をいただけますよう心よりお願い申し上げます。

以　上

【図⑰】雇用理由書・記載例

●〈ステップ5〉就労ビザを申請したら受入準備を早急に

以上の流れで就労ビザを申請したら、結果が出るまでに留学生などの在留資格変更は約1か月、海外から呼び寄せる場合の在留資格認定証明書申請は1～3か月程度の時間がかかります。就労ビザを取得できる可能性が高い場合は、特に審査を待っているこの期間に新しく入社してくる外国人社員の受入準備を進めておく方がいいでしょう。では、受入準備にはどのようなものがあるでしょうか。

◆受入準備　～住居の手配～

これまで大学の寮や大学の近くに住んでいた留学生は、就職にあたり転居の必要があるでしょう。会社に借上げ社宅などがあれば本人の希望を訊いて、できるだけ入社前に入居できるよう準備を進めます。また海外から呼び寄せる外国人には、来日後に本人が住まいを探すために一時的に滞在するウィークリーマンションなどの手配も最低限しておかなければなりません。日本で暮らす外国人が最も苦労する問題の一つが、この住居の問題だと言われています。

日本は高齢者や外国人が住まいを確保するのがとても難しい国です。筆者が見ていても、大企業や中小企業にかかわらず、外国人を雇用する企業は殆どが借上げ社宅を準備するなど手厚いサポートをしています。また、今は大都市に限定されるのかもしれませんが、在留外国人に特化してリーズナブルな賃貸物件を斡旋する不動産会社が増えています。こうした不動産会社では、これまで厳しかった保証人制度の緩和や敷金・礼金の免除など、外国人でも借りやすい住まいを多く提供しているようです。このような不動産会社を利用して、新入社員や初めて来日する外国人社員のために、住居探しをサポートすることも受入準備の一つです。

◆受入準備　～日本語学校の手配～

これも初めて来日する外国人のために、多くの企業が行う受入準備の一つです。日本語が全くできない外国人に日本語能力を身につけてもらおうと、業務の傍ら日本語学校へ通学させたりマンツーマンレッスンを提供するなど日本語習得をサポートしている企業は少なくありません。

ただし日本語学校に通学する場合、個々の学校が組んでいるカリキュラムや受講スケジュールの点から、希望する時期にいつでも適当なレベルのクラスに編入できるというわけではありません。新入社員に日本語教育を提供するのであれば、来日後に入学可能な日本語クラスを開講している学校を探すなど準備を進めておくといいでしょう。

外国人の受入準備には、個々のケースに応じて他にも必要になることがあると思います。また入社や来日にあたり、外国人が困っていることや疑問に思っていることを本人から相談を受ける事業主や人事担当者の皆さんも多いでしょう。そのような場合は、日本人社員に対するのと同様、ときには日本人社員以上に丁寧で細やかな対応をするといいのではないでしょうか。

私達が一度も行ったことのない外国で、就労生活を送るときのことを考えてみましょう。受入先の会社担当者が親身になって心のこもった丁寧な対応をしてくれたら、就職先への好感度は更に高まり、入社後の貢献度にも影響があるのではないでしょうか。筆者の経験上、外国人労働者は日本人社員に比べると離職率が高い印象があります。早期離職のリスクを減らすには、入社後も継続した丁寧なケアはもちろん必要ですが、それはこの受入準備の段階から始まっているのではないかと思います。

第４章　初めて外国人を雇用するときの手続き

～入社後の労働保険と社会保険～

第2章〈ステップ3〉「雇用契約書の作成から取り交わし」でも説明したとおり、外国人労働者に対して労働基準法をはじめとする最低賃金法・労災保険法・雇用保険法・健康保険法・厚生年金保険法などの労働者に関する様々な法律は、日本人同様に全て適用されます。したがって、外国人を雇用した場合に給与や労働保険、社会保険の適用など雇用管理については、基本的には日本人社員と同様に処遇をすれば問題はありません。ただ、それでも外国人社員に特有の細かな違いや注意点があります。本章では、社会保険労務士としても活動する筆者が労働保険（労災保険・雇用保険）と社会保険（健康保険・厚生年金保険）について、外国人を雇用するときに最低限気をつけるべき点を説明します。

■外国人労働者の労災・雇用保険の手続き・注意点

●労災保険はどのような雇用形態で働く外国人であっても加入する

労災保険には日本人同様、一日限りあるいは1回限り1時間でも雇用するアルバイト労働者を含め、どのような雇用形態で働く外国人労働者であっても加入（適用）させなければなりません。ちなみに、労災保険に加入している事業所（適用事業所）は、たとえ雇用している外国人が不法就労者であったとしても、労災保険を適用しなければならないとされています。

例えば、肉体労働などの日雇いで一日だけのアルバイト労働者として雇用した外国人が不幸にも負傷し、労災事故に遭ってしまったような場合、その外国人が不法就労者だということを知っていたか、知らなかったかにかかわらず、事業主は労災保険を適用して彼らを救済する義務があります。なお、不法就労者とは不法入国者や不法残留者（オーバーステイ）も含め、資格外活動許可を得ずに就労している外国人や自身が保持している在留資格の範囲外で働いている、資格外活動の外国人も含みます。

●雇用保険には留学生アルバイトとワーキングホリデー中の外国人は加入できない

日本人・外国人に限らず、雇用保険には次の二つの条件を満たす労働者は全て加入させなければなりません。

・31日以上の雇用見込みがあること
・1週間当たりの所定労働時間が20時間以上であること

ただし、この二つの条件を満たす場合であっても、全日制の教育機関（大学など）に通学する留学生が資格外活動許可を得て週28時間以内でアルバイトをするとき、またワーキングホリデーを目的に入国し、在留資格「特定活動」を保持している外国人が就労するときは加入することはできません。

●労災保険も雇用保険も、基本的に会社の外国人代表者・役員は加入できない

日本人同様、労災保険と雇用保険には会社の外国人代表者などの雇用主や外国人役員は加入できません。ただし、役員といっても執行役員のような労働者的性格が強い場合は加入できる場合もあります。また労災保険については、代表取締役などの雇用主であっても、労災保険の「特別加入」という方法によって加入することが可能です。ちなみに、雇用保険にはこのような代表者や役員が加入できる特例はありません。

●雇用保険に加入しない外国人でも、入社・退社時にはハローワークや入国管理局に届け出る必要がある

２０１２年7月の新たな外国人在留管理制度導入以降、外国人本人と雇用主が自社の外国人社員に関して行う、入国管理局およびハローワークに対する手続きの数が増えました。

・新しい外国人在留管理制度について・参考（法務省入国管理局）
http://www.immi-moj.go.jp/newimmiact_1/point_3-4.html

これによって、外国人（留学生・ワーキングホリデー中のアルバイトも含む）を採用して雇用を開始（入社）したとき、雇用を終了（退職）したときは会社が主体となり管轄のハローワークに対し届出を行う必要があります（外国人本人も別途、自身で入国管理局に対する届出を行います）。外国人の入社・退職に関する雇用主の届出は、外国人の雇用体系や雇用保険の加入の有無によって下記のように異なります。

◆会社が届出を行わなければならない外国人は？

入社・退社にあたり、届出が必要なのは次のような条件の外国人社員です。

・日本の国籍を有しない

・在留資格「外交」と「公用」以外の保持者

ちなみに、一般の「永住」保持者と異なり「特別永住者」（在日韓国・朝鮮人等）は対象になりませんので、届出は必要ありません。なお2018年3月現在、雇用主が届出を怠った場合の罰則等はありません。しかし、雇用主が将来外国人を雇用するときに申請する別件の就労ビザ申請や既に雇用している外国人社員の就労ビザ更新（延長）審査に影響を及ぼす可能性があります。

届出対象者の雇用を開始また終了したときには、必ず次の届出を行ってください。届出の概要は以下のとおりです。

◆ケースごとに異なる入社・退職時の届出の方法

①雇用保険に加入しない・していない社員の場合

雇用保険の適用条件を満たさず加入していないパートタイマー（31日以上の雇用見込みがなく、1週間あたりの所定労働時間が20時間以下）や留学生、ワーキングホリデー中のアルバイトなどの外国人社員が該当します。

これらの外国人が入社・退職した場合は、事業所を管轄するハローワークに対して、**外国人雇用状況届出書**を提出します。

・外国人雇用状況の届出　（厚生労働省）

http://www.mhlw.go.jp/stf/seisakunitsuite/bunya/koyou_roudou/koyou/gaikokujin/todokede/index.html

②雇用保険に加入する・している社員の場合

「技術・人文知識・国際業務」など就労系の在留資格を保持して、フルタイムで働く外国人社員がこのケースに該当します。通常の日本人社員同様、入社時に雇用保険の資格取得届、退職時に資格喪失届を提出することで、会社の届出義務は完了します。

③雇用保険に加入しない代表取締役や役員など被雇用者ではない社員の場合

※代表取締役等の役員、一般社員であっても雇用主事業所が雇用保険の適用事業所でない場合等

このケースは、代表取締役を筆頭とした役員に加え、雇用保険が適用されていない（事業所として加入していない）職場に勤務する外国人に関して行う手続きです。届出先は、事業所を管轄する入国管理局となります。届出については、法務省が指定している書式（「中長期在留者の受入れに関する届出」の書式を法務省・入国管理局のホームページから入手）に必要事項を記載して、入国管理局へ直接届け出るか、郵送または電子申請でも行うことが可能です。

【届出先機関】

①・②→事業所を管轄するハローワーク

③→事業所を管轄する入国管理局

【届出期限】

①→入社日・退職日の翌月の末日まで

②→雇用保険の資格取得・喪失の届出期限と同じ

③→入社日・退職日から14日以内

■外国人労働者の健康・厚生年金保険の手続き・注意点

●健康保険と厚生年金保険は、加入条件に該当したら、外国人も全て加入する。健康保険と厚生年金保険はセットで加入する

顧客企業の担当者から、「入社した外国人社員から、『日本で年金はもらわないから保険料を払いたくありません。厚生年金には入れないでください』と言われて困ります」という相談を受けることがあります。

まず、健康保険（事業所が適用される旧政府管掌の健康保険。国民健康保険ではありません）と厚生年金保険は、適用事業所（会社として健康保険に加入している事業所）で働いている場合、要件にあてはまったら二保険一括で加入しなければいけません。個人の事情で健康保険には入るが厚生年金には入らない、というように個人の意思で決められるわけではありません（社会保障協定の対象者を除きます）。

なお、二保険共通の加入要件とは以下のとおりです。以下の要件を全て満たす場合は、事業主は

日本人同様に外国人社員の意思にかかわらず必ず加入させなければいけません。

・1週間あたりの決まった労働時間が20時間以上であること
・1か月あたりの決まった賃金が８８０００円以上であること
・雇用期間の見込みが1年以上であること
・学生ではないこと（夜間・通信・定時制の学生は除く）
・下記のいずれかに該当すること
①従業員数が５０１人以上の会社（特定適用事業所）で働いている
②従業員数が５００人以下の会社で働き、社会保険に加入することに労使間の合意がある

●留学生のアルバイトは健康・厚生年金には加入できない。外国人雇用主は加入できる

以上のように、アルバイト留学生はたとえ週20時間以上働いていても、健康・厚生年金保険には加入できません（外国人留学生は国民健康保険と国民年金に加入します）。また、企業の代表取締役などの雇用主や役員は、日本人・外国人の区別なく健康保険・厚生年金保険に加入できます。

●社会保険に「加入させなければならない労働者」「加入させなくてもよい労働者」とは?
～「社会保障協定」締結相手国出身者のケース～

社会保障協定という言葉を初めて耳にした読者も多いと思います。日本人あるいは海外から来日する外国人が、日本から海外、海外から日本へ行ったり来たりして働く場合、自分の国（日本または海外）で加入していた労働保険や社会保険をやめて、短期間でも相手国の保険に加入しなければならないのか、あるいは自国の保険に加入したまま、日本の保険にも二重加入して両方の保険料を負担することになるのか、といった問題が発生します。社会保障協定とは、こういった問題を解決するために日本と海外数か国との間で取り交わされた協定のことです。

社会保障協定が外国人を雇用する企業の労務管理に関係するのは、日本国内で社会保障協定を締結している国の出身者を雇用する場合です（**海外の親・子会社などから転勤で赴任してくる外国人が該当**します。外国人を日本で**直接雇用する場合は、協定締結国出身者であっても、最初から日本の社会保険に加入**します）。社会保障協定の制度では、協定を結んでいる海外の国から派遣されてくる外国人の派遣期間が当初の予定で**5年を超えない見込み**の場合、派遣期間中、日本の社会保障制度に加入しなくてもいい（加入を免除する）ことになっています。これによって、前述の短期間の海外勤務に伴う社会保険料の二重負担を避けることができるわけです。

ただし、社会保障協定相手国の出身者であったとしても、出身国によって厚生年金保険をはじめとする健康保険や雇用保険・労災保険のどの社会保険や労働保険の適用を免除するのか、しないのかということが変わってきます。なぜなら、この社会保障協定を締結している国は2018年3月現在、ドイツ・イギリス・韓国・アメリカ・ベルギー・フランス・カナダ・オーストラリア・オランダ・チェコ・スペイン・アイルランド・ブラジル・スイス・ハンガリー・インド、ルクセンブルクの17か国ですが、これらの国々と締結している社会保障協定の内容は、

・年金については社会保障協定を結んでいるが、健康保険については結んでいない
・年金についても健康保険についても社会保障協定を結んでいる
・年金・健康保険・労災保険・雇用保険も社会保障協定を結んでいる

というように、相手国によって締結内容が様々に異なるからです。したがって、社員の出身国によって、例えば健康保険については日本で加入させなければならないが、厚生年金は出身国の保険に

入り続けるため日本では加入しないというケースや、健康保険・厚生年金・労災保険・雇用保険も日本では加入しないというように様々なケースが発生するのです。

社会保障協定を結んでいる海外の親・子会社などから転勤してくる外国人を受け入れる場合は、受入側の企業にも行わなければならない手続きがあります。詳細は、日本年金機構あるいは顧問の社会保険労務士に確認してください。なお、日本年金機構の連絡先は巻末に記載しています。

●外国人の厚生年金保険　～脱退一時金制度～

脱退一時金というのは、日本に在住し日本の年金制度（国民年金・厚生年金・共済組合など）に6か月間以上加入して帰国する外国人に対して、払い込んだ保険料の額に応じて一定額を払い戻す制度のことです。英語でLump-sum Withdrawal Paymentと言い、保険料の掛け捨て防止を目的に作られた制度です。ちなみに、前述の社会保障協定と違い、国籍にかかわらず日本の年金保険料を払った全ての外国人に対して適用されます。この脱退一時金制度に関して、雇用主が入社時・在職中に何か手続きをする必要はありません。退職して母国に帰国、あるいは海外に移住し、将来も日本に戻ってくる可能性がない外国人社員本人が申請手続を行い、帰国後に支給されるしくみです。

◆脱退一時金を受け取ることができる外国人の条件

・日本国籍を持っていないこと
・厚生年金または国民年金の加入期間が6か月以上あること
・日本に住所がないこと
・障害年金などの年金を受ける権利を持っていない・かつて持たなかった者であること

◆脱退一時金の額

脱退一時金の支給額は、国民年金と厚生年金とで計算式が異なります。計算式については、下記の日本年金機構のウェブサイトから、請求外国人の加入期間をあてはめて計算します。

・脱退一時金の額の一覧（日本年金機構）
http://www.nenkin.go.jp/service/jukyu/sonota-kyufu/dattai-ichiji/2C150406.files/1.pdf

◆脱退一時金の請求期限と請求条件

国民年金（厚生年金など）の被保険者資格を失った（日本に住所がなくなった）日から2年以内

に請求しなければ、脱退一時金を請求する権利がなくなります。ここでの注意点は、日本に住所がなくなった日から2年なので、日本にいる（住所がある）場合は、たとえ勤務していた会社を辞めて厚生年金や共済組合の被保険者ではなくなったとしても、脱退一時金の請求を行うことはできません。稀に日本に住み続けたまま、脱退一時金を請求したいと希望する外国人がいるので、もし退職する社員からそのような要望を受けた場合は不可能であることを伝えてください。

前述の日本の社会保険への加入を望まない外国人には、この脱退一時金制度の説明をすることによって、スムーズに加入の理解を得られ手続きが進むことがあるので雇用主として情報を入手しておくといいでしょう。

・脱退一時金請求書と各国語のパンフレット（日本年金機構）
　http://www.nenkin.go.jp/service/jukyu/sonota-kyufu/dattai-ichiji/20150406.html
※直接、各年金事務所の窓口でもらうか上記ホームページからダウンロードして入手します。

以上、脱退一時金の詳細について、パンフレットをご覧になっても不明な場合は、巻末に記載した日本年金機構の担当部署に直接問い合わせをしてください。

コラム④　高度人材ポイント制度

●高度人材ポイント制度・高度人材と優遇措置は？

「**高度人材ポイント制度**」とは、政府が優秀な人材であると認定した外国人労働者を日本に誘致するため、２０１２年5月に新設された入国管理上の制度です。具体的には、外国人を学歴・職歴・実績・年齢・給与額などの項目別にランク付けしそれに応じてポイントを付与、ポイントが一定以上に達した外国人（**高度人材**）に、日本での在留に関し他の外国人にはない様々な優遇措置を与えるものです。同様の制度は欧米を中心に多くの国で導入されています。このランク付けによって高度人材と認定された外国人に対する優遇制度としては、主に以下のようなものがあります。

・日本での活動内容が複合的に認められる
・在留期限については一律に、最高年限の5年を与えられる
※高度専門職の在留資格「高度専門職2号」の在留期限は「無期限」。
・高度人材としての在留歴が3年以上（高度人材ポイントが70ポイント以上の者）あるいは1年以上（高度人材ポイントが80ポイント以上の者）あれば在留資格「永住者」への申請が認められる
※通常の就労系在留資格保持者が「永住者」を申請する場合、10年以上の在留歴が必要です。

・高度人材の配偶者で「家族滞在」の在留資格をもっている外国人は、配偶者本人が「技術・人文知識・国際業務」など就労系の在留資格への変更申請に必要な学歴・職歴などの必要条件を満たさなくても申請が認められる（変更許可の可否については個別の案件ごとに審査されます）
・一定の条件の下に、高度人材本人または配偶者の親の帯同・呼び寄せが認められる
・一定の条件の下に、家事使用人の帯同が認められる
・高度人材（在留資格は高度専門職1号・2号）の在留資格認定証明書や在留資格変更・更新申請に対する入国管理局の審査期間が、高度専門職以外の申請に比べ大幅に短縮される

●高度人材に該当するかポイント計算表で算出する

高度人材として在留資格変更に必要なポイントを満たしているかの判断には、法務省が公開しているポイント計算表を使用します。【図⑱】は、「技術・人文知識・国際業務」のような自然科学分野（技術職）あるいは人文科学分野（人文学系の総合職など）で就労している（あるいは就労予定）の外国人が在留資格「高度専門職」を申請するときに行うポイント計算表です。この分野の他に、研究職や教授職などの学術活動を行う高度人材、また経営者など事業の経営・管理活動を行う高度人材の三分野に分かれています（高度専門職1号）。それぞれのポイント計算表は、法務省ホームページ（http://www.immi-moj.go.jp/newimmiact_3/system/index.html）から入手できます。

高度専門職ポイント計算表（高度専門職第1号ロ・高度専門職第2号）

「出入国管理及び難民認定法別表第一の二の表の高度専門職の項の下欄の規定に基づき，出入国管理及び難民認定法別表第一の二の表の高度専門職の項の下欄の基準を定める省令」第1条第2号の規定に基づき，ポイントの自己計算を行ったので提出します。

項目	基準				チェック	点数	疎明資料
学歴（注1）	博士学位（専門職学位を除く）				□	30	①
	経営管理に関する専門職学位（MBA，MOT）を保有				□	25	
	修士又は専門職学位				□	20	
	大卒又はこれと同等以上の教育（博士，修士を除く）				□	10	
	複数の分野における2以上の博士若しくは修士の学位又は専門職学位（注2）				□	5	
	（注1）最終学歴が対象となります（例えば，博士と修士の両方の学位を有している場合は，30点です。）。 （注2）学位の組み合わせを問わず，専攻が異なることが分かる資料（学位記又は学位証明書で確認できない場合は，成績証明書）を提出して下さい。						
職歴	従事しようとする業務に係る実務経験						②
	10年以上				□	20	
	7年以上10年未満				□	15	
	5年以上7年未満				□	10	
	3年以上5年未満				□	5	
年収（注）	30歳未満	30～34歳	35～39歳	40歳以上			③
	1,000万円以上	1,000万円以上	1,000万円以上	1,000万円以上	□	40	
	900 ～ 1,000万円	900 ～ 1,000万円	900 ～ 1,000万円	900 ～ 1,000万円	□	35	
	800 ～ 900万円	800 ～ 900万円	800 ～ 900万円	800 ～ 900万円	□	30	
	700 ～ 800万円	700 ～ 800万円	700 ～ 800万円	—	□	25	
	600 ～ 700万円	600 ～ 700万円	600 ～ 700万円	—	□	20	
	500 ～ 600万円	500 ～ 600万円	—	—	□	15	
	400 ～ 500万円	—	—	—	□	10	
	（注）年収が300万円に満たないときは，他の項目の合計が70点以上でも，高度専門職外国人としては認められません。						
年齢	申請の時点の年齢						
	30歳未満				□	15	
	30～34歳				□	10	
	35～39歳				□	5	
研究実績	発明者として特許を受けた発明が1件以上				□	15	④
	外国政府から補助金，競争的資金等を受けた研究に3回以上従事				□		⑤
	学術論文データベースに登載されている学術雑誌に掲載された論文が3本以上				□		⑥
	その他法務大臣が認める研究実績				□		⑦
資格	従事しようとする業務に関連する日本の国家資格（業務独占資格又は名称独占資格）を保有，又はIT告示に定める試験に合格し若しくは資格を保有				○1つ保有	5	⑧
					○複数保有	10	
特別加算	契約機関						
	Ⅰ　イノベーション促進支援措置を受けている				□	10	⑨
	Ⅱ　Ⅰに該当する企業であって，中小企業基本法に規定する中小企業者				□	10	⑩

【図⑱－1】高度専門職ポイント計算表
出典：法務省入国管理局「高度人材ポイント制とは？」
http://www.immi-moj.go.jp/newimmiact_3/system/index.html

特別加算（続き）	契約機関が中小企業基本法に規定する中小企業者で，試験研究費及び開発費の合計金額が，総収入金額から固定資産若しくは有価証券の譲渡による収入金額を控除した金額（売上高）の3％超 試験研究費等／売上高　＿＿＿円／円　＝　％	□	5	⑩⑪
	従事しようとする業務に関連する外国の資格，表彰等で法務大臣が認めるものを保有	□	5	⑫
	日本の大学を卒業又は大学院の課程を修了	□	10	⑬
	日本語能力			⑭
	Ⅰ　日本語専攻で外国の大学を卒業又は日本語能力試験N1合格相当	□	15	
	Ⅱ　日本語能力試験N2合格相当 ※⑬（日本の大学を卒業又は大学院の課程を修了）及びⅠに該当する者を除く	□	10	
	各省が関与する成長分野の先端プロジェクトに従事	□	10	⑮
	以下のいずれかの大学を卒業（注）			⑯
	Ⅰ　以下のランキング2つ以上において300位以内の大学 □　QS・ワールド・ユニバーシティ・ランキングス（クアクアレリ・シモンズ社（英国））　＿＿位 □　THE・ワールド・ユニバーシティ・ランキングス（タイムズ社（英国））　＿＿位 □　アカデミック・ランキング・オブ・ワールド・ユニバーシティズ（上海交通大学（中国））　＿＿位	□	10	
	Ⅱ　文部科学省が実施するスーパーグローバル大学創成支援事業（トップ型）において，補助金の交付を受けている大学	□		
	Ⅲ　外務省が実施するイノベーティブ・アジア事業において，「パートナー校」として指定を受けている大学	□		
	（注）⑬（日本の大学を卒業又は大学院の課程を修了）と重複して加算することが認められています。			
	外務省が実施するイノベーティブ・アジア事業の一環としてJICAが実施する研修を修了したこと（注）	□	5	⑰
	（注）・イノベーティブ・アジア事業の一環としてJICAが実施する研修であって，研修期間が1年以上のものを修了した者が対象となります。なお，JICAの研修修了証明書を提出した場合，学歴及び職歴等を証明する資料は，原則として提出する必要はありませんが，②（職歴）のポイントを加算する場合には，別途疎明資料が必要です。 ・本邦の大学又は大学院の授業を利用して行われる研修に参加した場合，⑬（日本の大学を卒業又は大学院の課程を修了）と重複して加算することは認められません。			
		合計		

※永住許可申請時のみ，該当部分にチェックして下さい。
このポイント計算表は，□　今回の申請時のポイントです。
□　今回の申請から1年前のポイントです。
□　今回の申請から3年前のポイントです。

以上の記載内容は事実と相違ありません。

申出人又は出入国管理及び難民認定法第7条の2に基づき法務省令で定める代理人の署名／作成年月日

署名＿＿＿＿　作成年月日　＿年＿月＿日

【図⑱－1】高度専門職ポイント計算表
出典：法務省入国管理局「高度人材ポイント制とは？」
http://www.immi-moj.go.jp/newimmiact_3/system/index.html

国籍別の人材傾向

〈ベトナム〉

現在、日本に在留するベトナム人は262405人（2017年12月末）で在留外国人全体10・2％程度ですが、近年の増加率は目覚ましく国籍別の増加率では31・2％と、増加率2位のネパール（18・6％）を大きく引き離して第1位となっています。彼らの日本での活動内容で最も多いのがその半数近くを占める技能実習生（123563人）で、次に日本語学校・専門学校・大学などへの留学（72268人）、そして「技術・人文知識・国際業務」で、一般企業などで働く高度外国人材としての活動が22045人と続きます。

このように、ベトナム人の場合、現在はまだまだ技能実習や留学といった活動が多いのですが、詳細を見ると「技術・人文知識・国際業務」の増加率が2016年末比で＋62・5％と、ネパール（65・5％）に次いで2位という驚異的な数字で伸びています。こうしたデータから見ると、日本の専門学校や大学などに留学している多くのベトナム人が、卒業後に高度外国人材として国内の企業に就職している実態が伺えます。

また、ベトナムは社会に占める若年層の割合と失業率が高いため、大学や大学院を卒業した多くの高学歴者が希望する職に就くことが難しく、彼らは海外での就職を希望して英語や日本語、中国語などの習得にも熱心です。その中でも日本語は日越経済の結びつきの強さもあってか、英語の次に人気の高い外国語となっています。そのため、こうした高学歴者には語学も堪能で専門知識を備えた優秀な人材が多いのです。また、性格も一般的に穏やかで真面目、仕事面でも向上心があり熱心に働く人材が多いと感じます。一方、静かで穏やかな性格という長所の反面、他のアジア諸国出身の外国人に比べシャイで少々内向的な面もあり、日本の生活に慣れるまでに時間がかかるという印象もあります。

このように、あまり声高に自身の意見を主張することが少ないので、職場に不満を持ったら何も言わずに突然退職してしまうケースをチラホラ見かけます。したがって、こうしたベトナム人社員には特に、事業主や上司などがよく目配りをして、日本での仕事や生活で何か困ったことがないかを親身に相談にのるなど、日頃からよくコミュニケーションを取り細やかなケアをしていくことが必要だと感じます。なお、ベトナムは最新のランキング(『ジャパンブランド調査』2017年/電通)で1位になったほどの親日国です。こうした親日国から来た真面目で優秀な外国人に働いてもらうことは、日本の国益にとって一助になることでしょう。

〈ネパール〉

現在、日本に在留するネパール人は80038人（2017年12月末）で在留外国人全体では3・1%ですが、ベトナム同様ここ数年の増加率が高く、国籍別の増加率ではベトナムに次いで18・6%で2位となっています。また、何より注目すべき点が、高度外国人材である「技術・人文知識・国際業務」を持つネパール人の増加率が2位のベトナムを押さえて+65・5%という、これまた驚くべき数字を記録しています。

つまり、ネパール人は全体の外国人比率では現時点でそれほど多くはないものの、専門的な技能や知識を持つ外国人材の増加率がどの国籍よりも増えているということになります（現在日本に在留しているネパール人の活動は最も多い3割ほどが留学生、次いで7%ほどが「技術・人文知識・国際業務」で働いています）。

ちなみにネパール人といえば、多くがネパール料理（インド料理含む）の調理師として働いているという印象があります。もちろん、こうした調理師としての在留資格（技能）で在留している外国人も多いのでしょうが、前述のように、近年は日本政府が同国で起こした日本への留学ブームの波に乗り多くのネパール人が来日、その後、日本の高等教育機関を卒業した高度人材が国内に留まって就職するケースが増えています。こうした日本の教育機関を卒業した人材であれば、日本語もある程度堪能であるケースが多いので、採用を検討してみてもいいのではないでしょうか。

また、ネパール国内は賃金の低さなど労働環境の悪さから、高度人材も含めて海外へ出稼ぎに出る若者が多いので、即戦力となる高い専門技能を備えている人材を日本に呼び寄せるという方法もあります。その場合は、日本国内にネパールやインドなどの南アジア諸国の人材に特化した人材紹介会社もありますので、利用するといいでしょう。

ネパール人の気質については、明るくて大らかな反面、日本人や他国の外国人と比べて、自己主張が強い多い印象があります（もちろん個人の性格によりますので一概には言えません）。また、日本語能力についても個人差がありますが、全体的に会話能力は高いものの、他国の外国人と比べて、漢字などの読み書きが苦手な方が多いようです（ただし、英語能力は高い）。そのため、ネパール人やインド人の技術者などを雇用している企業の場合、入社後も継続的な日本語教育を提供しているところが多いようです。

〈フィリピン〉

現在、日本に在留するフィリピン人は260553人（2017年12月末）で在留外国人全体の10・2%、国籍別の増加率では6・9%で、インドネシア（16・6%）に次いで4位となっています。彼らの日本での在留資格で最も多いのが、「永住者」「定住者」「日本人の配偶者等」と身分系の在留資格の三つで、全体の8割近くを占めます。「技術・人文知識・国際業務」で高度外国人材として働くフィリピン人は5924人、3・1%（前年比18・1%増）です。「永住者」「定住者」「日本人の配偶者等」という在留資格は、多くが日本人男性と結婚し、その後、永住資格を取得したり、離婚をしたものの日本人との実子を養育するなどの理由で日本に引き続き在留しているフィリピン人の女性が保持しているものです。

これらの在留資格には就労制限が一切ないので、どのような職種や職場でも働くことができます。したがって、どのような職場でも彼女たちを見かけることはありますが、特に最近は介護福祉士やヘルパーとして介護の現場で活躍している姿が目立ちます。日比間で締結された経済連携協定（EPA）で来日し、既に日本で就労している看護師や介護福祉士もわずかですが存在します。また、外交官などの家事使用人（メイド）として働くフィリピン人は約8000人ほどいます（在留資格は「特定活動」)。このように、日本に在留するフィリピン人は女性が圧倒的に多いと思いますが、就いている職種からもわかるとおり、彼女たちはとても親切で仕事にも一生懸命励みます。何より気質が陽気で大らか、フレンドリーな性格の方が圧倒的に多いので、介護職やサービス業にはぴったりの外国人だと思います。

一方、フィリピンは近年の急激な経済成長に伴い母国の教育レベルが上がり、「技術・人文知識・国際業務」を取得できるような高学歴の優秀な若年労働者が大幅に増加しています。そのような高学歴者の場合、ほぼ全員といっていいほど高い英語能力を備えているので、海外、特に東南アジアへの進出を考え、海外取引業務の人材を求めている日本企業にマッチする人材だといえます。

ちなみに、高い英語力という点で筆者は「フィリピン人を英語の専任講師として日本で就労ビザを取得できるか」という質問を受けることがあります。これについては、たとえ英語能力が相当に高かったとしても可能性は低いと考えます。外国語の専任講師として在留資格「技術・人文知識・国際業務」を取得するためには、基本的に教える言葉が母語であることが条件です。英語が母語でなくても英語圏で高等教育まで修了し英語教師としての公的な資格などをもっているなど、母語と認定されるレベルにあれば別ですが、一般的なフィリピン人が英語専任講師として日本の就労ビザを取得することはほぼ不可能ではないかと思います。

就労者インタビュー

①出身国　②性別　③年齢　④来日年と在留資格　⑤最終学歴
⑥これまでの在留年数　⑦現在の在留資格　⑧転職歴　⑨現在の職種

Q１　日本で仕事をしようと思ったきっかけは？
Q２　どのようにして就職先を探しましたか？
Q３　就職先を決める上で重要視した点は？
Q４　日本で就労ビザを取得する手続きで困ったことは？　手続上の注意点は？
Q５　就職活動で苦労した点は？
Q６　現在の職場について思うこと
Q７　外国人が日本で働く上で、日本企業が注意すべきことや留意してほしいことは？
Q８　これから日本で働きたいと思っている外国人へのアドバイス
Q９　今後、日本にどのくらい在留する予定か？　日本で何かやりたいことは？

B・Nさん

①中国　②男性　③28歳　④２０１２年（留学）　⑤本国で大学（日本では専門学校）
⑥6年　⑦技術・人文知識・国際業務　⑧なし　⑨ゲームアプリの開発エンジニア

Q1　日本のアニメを観て育ったため、子供の頃から日本に興味があり働きながら生活したいと思った。

Q2　中国で大学を卒業後、日本の専門学校に留学し専門学校の求人を通じて今の会社に応募した。

Q3　ゲームが好きでゲームアプリを開発する仕事に就きたかったので、希望する仕事に就けて、日本で生活するのに困らない給与をもらえる会社を探した。

Q4　社長が手続きをする専門家を探して就労ビザを取ってくれたので困ったことはない。

Q5　最初はどうやって就職活動をすればいいのかわからず不安だった。専門学校も求人は出していたけど、入社試験の受け方や就労ビザの申請方法など何も教えてくれなかった。面接に行った現在の会社の社長がすぐに採用を決めてくれ、面接試験の場でビザの専門家を探して連絡をして、就労ビザもすぐに取得できたので感謝している。

Q6　とても気に入っている。社長や日本人の同僚もみんな優しい。自分がメールや会議で日本語がわからずに困っていると、すぐに教えてくれる。社長もいつも「何か困ったことはないか」と訊いてくれて嬉しい。仕事の後は同僚と花見や飲み会に行って楽しく過ごしている。

Q7　毎日、満員の通勤電車に1時間半も乗らなければいけないのが辛いので、在宅勤務とかフレックス制がもっと普通にあればいいと思う。

Q8　日本が好きなら日本で働いて生活してみてほしい。日本や日本人の本当の姿がわかってくると、日本での生活がもっと面白くなる。

Q9　わからない。一人っ子なので中国の両親が寂しいだろうから永住はしないと思う。30歳くらいまでは日本で働き続けたい。

N・Hさん

①台湾　②女性　③35歳　④2007年（人文知識・国際業務）　⑤大学（台湾）　⑥約11年
⑦技術・人文知識・国際業務　⑧2回　⑨日台ビジネス間の海外営業など国際業務

Q1　日本のドラマやアニメを観て日本文化に興味を持ち、日本で生活してみたかったから。

Q2　兄弟が日本で働いていて、兄弟の仕事関係の知り合いから就職先を紹介してもらった。

Q3　来日が目的だったので就労ビザが取得しやすいと聞いた大手企業への就職を優先した。

Q4　就職先が全て手続きを行ってくれたので、困ったことはなかった。自分は履歴書と大学の卒業証明書のコピーを提出しただけだった。

Q5　新卒ではなかったけれど（台湾で1年ほど働いた後に来日した）、即戦力になるほどの職務経験がなかったので、採用してもらえるかどうか不安だった。採用試験に4回ほど来日しなければならなかったので費用がかさんだ。

Q6　台湾資本の日本支社だが起業して間もない会社なので、海外営業にとどまらず広報や人事労務など様々な業務を任され、やりがいがある反面初めての業務も多く苦労している。給与面は日本での職務経験や能力を評価してもらい前職の大手日系企業よりかなり高い。概ね満足。

Q7　日本の大企業は社員の評価制度が上手く機能していないと思う。まだまだ年功序列だし、女性の管理職も少なく外国人で女性の私は限界を感じた。長時間労働のせいで上司や同僚がいつも疲れていて覇気がなかった。もっと納得できる正当な人事評価制度を導入して、長時間労働ができない女性でも外国人でも、力があれば上に行けるようなキャリアパスを作るべき。

Q8　日本で働いて10年経ったので永住申請をしようと思っていたが、現在の職場に転職後ビザを更新したら、許可された在留期間が前回（前職の大手企業で更新）の3年から1年になってしまった。1年になってしまうと、在留歴が10年あっても永住申請の資格がないと後から聞いた。転職は永住申請が許可されてからにすればよかったと、そのことだけは残念に思っている。将来、永住申請をしようと思っている外国人にぜひ教えたい。

Q9　永住資格が取れれば、どんな仕事でもできるようになるので日本で起業したい。日本と台湾を行き来してビジネスをしたい。

S・Vさん

①マレーシア　②男性　③38歳　④2002年（留学）　⑤大学院・博士号（日本）
⑥合計9年　⑦高度専門職　⑧4回　⑨半導体開発エンジニア

Q1　日本の大学に留学していて、卒業後は日本で生活してみたいと思ったから。

Q2　大学院の教授を通して、アメリカの半導体メーカー（日本法人）の技術職の紹介を受けた。

Q3　大学院で学んだ専門知識が活かせ、将来は日本だけではなく海外でも働くチャンスがある企業を選択した。

Q4　会社が全てやってくれて困ったことはなかった。

Q5　日本国内の外資系企業（数社）で採用試験を受けたので、日本語の筆記試験はなく、周りの留学生のような苦労はなかった。大学院での専門知識と英語力を評価してくれて入社できた。

Q6　日本で就職して3年ほどして渡米し、米国の企業に転職した。米国で数年働いた後に再来日した。現在の職場も米国企業なので就労環境に大きな変化はないが、自分にはアメリカよりも日本の生活が合っていると感じるので、日本に戻ってきて満足している。

Q7　取引先である日系企業の日本人担当者の英語力が不足していると感じる。自分は日本語ができるが、海外の取引先が参加する英語だけの電話会議では日本人の英語力不足に不安を感じるときがある。他のアジア諸国出身の外国人はみんな英語を流暢に話すので、日本人ももっと英語力をアップするべきだと思う。会社として社員の英語力アップをもっと推進するべき。

Q8　日本人はとても穏やかで優しい。ただ、日本人や日系企業に向いている外国人であればいいが、もっと自分の実績を大きく評価して欲しい、高い給与が欲しいという外国人の場合、日本で働くのは厳しいかもしれない。

Q9　まだわからない。またアメリカに戻るかもしれないし、シンガポールなど他の海外で働くことも考えている。しばらくは日本でこのまま働くが、日本に永住することは考えていない。

S・Mさん

①ネパール　②女性　③31歳　④２０１５年（企業内転勤）　⑤大学　⑥2年半　⑦企業内転勤　⑧なし　⑨日系ネパール小会社との通訳・翻訳を含めた海外業務

Q1　日系企業のネパール子会社に勤務していたときに親会社への出向を命じられたため。

Q2　母国の大学で日本語を専攻したので、日本に関連する会社で働きたくて日系企業に応募し採用された。

Q3　給与を含めた待遇面と勉強した日本語を活かせる職場で働くこと。

Q4　会社が日本の専門家に依頼して全てやってくれたので、困ったことは何もなかった。

Q5　大学卒業時は日本語が今ほどできなかったので、面接試験がほぼ全て日本語だったことが当時とても不安だった。

Q6 日本の職場の上司や同僚はみんな優しい。でも、ネパールよりも時間や規則に厳しいと思うことがあって、それに慣れるまでは少し疲れた。

Q7 日本のビジネスの習慣やマナーなどをもう少し丁寧に教え欲しい。私が何か間違ったことをしても、上司も気を遣って（？）何も言わずにフォローしてくれるが、後で自分がやったことが間違っていたことがわかり悲しくなったことがあった。私が何かミスをしたときはその場で教えて欲しい。

Q8 仕事の上では特に、約束と時間は厳しく守ること！

Q9 しばらくは日本で働き続けたいと思っている。社内転勤なので帰国の辞令があれば戻らなければならないが、それまではできるだけ日本のビジネスや日本語も勉強したいと思っている。

A・Yさん

①中国 ②男性 ③50歳 ④1989年（留学） ⑤大学院・博士号（日本）
⑥12年 ⑦経営・管理 ⑧3回 ⑨中国に輸出する精密機器部品の製造・販売

Q1　日本の大学院を卒業して中国に帰国したが、後年、日本で起業しようと思い、40歳になる前に来日して会社を設立した。

Q2　起業したので就職先は探していない。

Q3　起業する上で、自分が大学院で学び中国の勤務先で経験した技術分野を活かしたビジネスを日中間でやれること。

Q4　「経営・管理」のビザは、最初にたくさんの書類（事業計画書や事業所の実態を立証するもの）を提出しなければならないし、ビザの審査基準が厳しくて大変だった。専門家に依頼してビザを取得した。

Q5　日本での事業が軌道に乗る最初の3年ほどは苦労した。大学院を卒業して何年も経っていたが、大学院で師事した教授などのツテを頼って懸命に営業活動をした。

Q6　正直、最初の事業計画で想定していた業績にはまだ至っていないので、日本での事業には現状、満足していない。あと数年は続けるが、このまま継続して日本での営業を続けるかどうかは未定。

Q7　日本では、外国人が起業するハードルが高すぎると感じる。例えば、自分の事業には立派なオフィスや従業員は必要ないが、オフィスを借りなければビザを取得できない。また、継続して一定の売上げを上げていかないとビザが更新（延長）されない点もプレッシャーがある。税務や労務なども、英語や中国語で対応してもらえず、様々な行政機関に対する手続きが煩雑で頭が痛くなる。

Q8
日本に限らず海外で起業するのはできるだけ若いうちがいいと思う。また、日本で起業する場合はできるだけ早く信頼できる日本人や会社とつながりを持って、そこから仕事を増やしていくといい。基本的に日本人や日本企業は全て誠実なので、安心してビジネスができる。海外にいるときほど疑心暗鬼になる必要はない。自分が信頼される人間や会社になれば、信頼できる取引先が増えてくる。

Q9
今は日本と中国を半々で行き来しているので、今後もその状態が続くと思う。日本の会社の継続は別にして、今後も日本との縁は切りたくない。

外国人を雇用するときに知っておきたい連絡先

【行政機関】

●法務省・東京入国管理局　(http://www.immi-moj.go.jp/soshiki/kikou/tokyo.html)
〒108-8255 東京都港区港南55-30　TEL：03-5796-7111（代表）
FAX：03-5796-7125（代表）　9～16時（土・日曜日・休日を除く）
※就労ビザに関する電話相談窓口は対象の在留資格によって二つの連絡先があります。採用したい外国人に就労ビザが許可されるかなど、疑問点を直接質問できます。
就労審査第一部門　03-5796-7252（「技術・人文知識・国際業務」「高度専門職」他）
就労審査第二部門　03-5796-7165（「外交」「公用」他）
詳細：http://www.immi-moj.go.jp/soshiki/kikou/pdf/tokyo-syuro.pdf

●法務省・全国の地方入国管理局に関する情報
http://www.immi-moj.go.jp/soshiki/index.html

●東京外国人雇用サービスセンター　(http://tokyo-foreigner.jsite.mhlw.go.jp/)

〒160-0023 東京都新宿区西新宿2-7-1小田急第一生命ビル21階

TEL：03-5339-8625

●新宿外国人雇用支援・指導センター

〒160-8489 東京都新宿区歌舞伎町2-42-10ハローワーク新宿（歌舞伎町庁舎1階）

TEL：03-3204-8609

●大阪外国人雇用サービスセンター（http://osaka-foreigner.jsite.mhlw.go.jp/）

〒530-0017 大阪府大阪市 北区角田町8-47

TEL：06-7709-9465

●名古屋外国人雇用サービスセンター（http://aichi-foreigner.jsite.mhlw.go.jp/）

〒460-0008 愛知県名古屋市中区栄4-1-1 TEL：052-264-1901

※外国人雇用サービスセンター等は厚生労働省がの統括する団体で、外国人版ハローワークです。外国人労働者の紹介、留学生や既卒者の求人受付、外国人雇用に関する相談など無料で受けられます。

●全国ハローワーク（公共職業安定所）の所在案内

http://www.mhlw.go.jp/kyujin/hwmap.html

●日本年金機構（http://www.nenkin.go.jp/）

〒168-8505東京都杉並区高井戸西3-5-24　TEL：03-5344-1100（代表）

●日本年金機構（ねんきんダイヤル）

〒168-8505 東京都杉並区高井戸西3-5-24

TEL：03-6700-1165

※社会保障協定に関する相談は日本年金機構（代表）に、脱退一時金については日本年金機構（ねんきんダイヤル）にお問い合わせの上、日本語がわからない場合は通訳の手配を依頼してください。

●公益財団法人・国際研修協力機構（JITCO《ジッコ》）

https://www.jitco.or.jp/ja/jitco/index.html

〒105-0023 東京都港区芝浦2-11-5五十嵐ビルディング

TEL：03-4306-1100

●外国人技能実習機構（http://www.otit.go.jp/）

〒108-0075 東京都港区港南1-6-31　TEL：03-6712-1523

●日本行政書士会連合会（https://www.gyosei.or.jp/）

〒195-0001 東京都港区虎ノ門4-1-28虎の門タワーズオフィス10階
TEL：03-6435-7330
※申請取次資格を持った全国の行政書士を探せます。

【ガイドラインほか】

●「外国人労働者の雇用管理の改善等に関して事業主が適切に対処するための指針」
厚生労働省：http://www.mhlw.go.jp/bunya/koyou/gaikokujin-koyou/01.htm

●社会保障協定・各国との協定
日本年金機構：http://www.nenkin.go.jp/service/kaigaikyoju/shaho-kyotei/index.html

用語解説

（*1）**中長期在留者**　留学や就労等の目的をもって日本に入国し、法務省によって90日以上の在留期間を決定、在留カードを交付された外国人。永住者等も含む。「外交」又は「公用」の在留資格を持つ外国人は除く。

（*2）**在留カード**　中長期滞在者に対し、上陸許可や在留資格変更許可、在留期間更新などの在留に関する許可に伴って交付されるカード。常時携帯することが義務付けられている。

（*3）**技能実習制度**　外国の青年労働者を「技能実習生」として受入れ、日本の産業や職業上の技術・技能・知識を働きながら習得してもらい、帰国後に習得した技術等を活かして母国の産業発展を担う「人づくり」を目的とした制度。

（*4）**在留資格**　外国人が日本に上陸を許可される際に与えられる在留資格。全部で28種類（2018年3月現在）あり、日本に在留する外国人は全員この28種類の内のいずれか1種類の資格に該当して就労もしくは勉強又はそれ以外の活動を行っている。同時に2種類以上の資格を持っていたり、28種類の資格のどれにも当てはまらない「外国人」は存在しない（観光・商用目的等で滞在している短期滞在者や仮放免・仮滞在の者は除く）。また、世間一般ではこの「在留資格」を「ビザ」または「就労ビザ」と呼ぶこともある。正確には（*6）「ビザ（査証）」と「在留資格」は全く異なる。ただし、本書では読者の理解に資するため、就労系の在留資格を「就労ビザ」と表現している場合がある。

（*5）入管法　出入国管理及び難民認定法の略。出入国管理制度（日本国への入国・帰国、日本国からの出国、外国人の日本国在留に関する許可要件や手続き、在留資格制度、入国管理局の役割、不法入国や不法在留に関する罰則等）、難民条約及び難民議定書に基づく難民認定制度等を定めた法律。

（*6）査証（ビザ）　国家が外国人に対して、その外国人が所持しているパスポートが有効なものであり且つその外国人が入国することに差支えがないと示した証明書。本国以外の海外の大使館・領事館で発行、パスポートに貼付される。

（*6*）不法就労助長罪　外国人の不法就労（①不法滞在者の就労②就労資格がない外国人（短期滞在者等）の就労③本来、保持している在留資格で許可されている活動以外の就労（*8）資格外活動）を行わせたり、あっせんした者（事業主など雇用主も含む）に課される処罰。企業が雇用前に在留カードの確認を怠り、不法滞在者を雇用、または自社で雇用することができない、例えば、その外国人が、本来許可されている在留資格の範囲外の仕事内容で雇い入れをした場合も含まれ、「不法就労助長罪」に処されると入管法第73条の2第1項により、3年以下の懲役または300万円以下の罰金が科される。

（*7）資格外活動許可　許可されている在留資格に応じた活動以外に、収入を伴う事業活動や報酬を受ける就労活動を行おうとする場合に入国管理局から予め受けておく許可。留学生や就職活動中の卒業者、在留資格「家族滞在」を持つ外国人が受ける許可が代表的。資格外活動許可を受けている外国人の場合、週28時間以内の稼働時間内で、且つ風俗店等以外の職場に限り単純労働を含むアルバイト就労が可能（例：日本の大学等に通学する留学生が制限時間以内で飲食店やコンビニエンスストアでアルバイトをする場合などが該当する）。違反をすると資格外活動罪に処され、違反行為の程度によって1年以下の懲役若しくは禁錮または200万円以下の罰金あるいは3年以下の懲役若しくは禁錮又は300万円以下の罰金が科される（入管法第73条）。

（*8）資格外活動　外国人が保持している在留資格で許可されている活動以外で、収入を伴う事業を運営する活動又は報酬を受ける活動を行うこと。予め（*7）資格外活動許可を受けていなければ、「資格外活動罪」として違法行為になる。

（*9）就労資格証明書　日本に在留する外国人からの申請に基づいて発行された、外国人が行うことができる「就労活動」を法務大臣が証明する文書。

（*10）**申請取次者**　原則、日本に在留する外国人が就職する場合や海外にいる外国人を呼び寄せて雇用する企業などが行わなければならない「在留資格認定証明書交付申請」「在留資格変更許可申請」「在留期間更新申請」などの入国管理業務を、彼らに代わって申請書類を作成し代行提出（申請）する入国管理業務に精通した法律の専門家として各地方入国管理局局長に承認された行政書士と弁護士の総称。申請取次資格を持つ行政書士や弁護士は、申請手続の書類作成・入国管理局への申請代行・在留カードの受取りなど、本人又は企業の担当者が実際に入国管理局に1回も出向くことなく完全代行を行うことができる。一方、申請取次資格を持たない行政書士や弁護士でも書類作成の代行はできるが、入国管理局への届出や在留カードの受取は企業や外国人本人に代わって行うことはできず、企業・外国人本人は行政書士が作成した書類一式を持参し入国管理局に出頭し、在留カードも直接受け取る必要がある。

（*11）**退去強制**　入管法に定められた行政処分の一つ。日本に滞在している外国人を法に基づいて強制的に日本から退去させること。

若松 絵里（わかまつ えり）
若松絵里社労士・行政書士事務所代表
東京入国管理局届出済申請取次行政書士・外国人技能実習 監理責任者・社会保険労務士。2005年10月「若松絵里社労士・行政書士事務所」を開設。主に外国人労働者の就労ビザ申請代行、日系・外資系企業向けの雇用契約書や就業規則作成・英文翻訳業務などを行っている。また、企業の人事担当者・人材紹介・派遣会社向けに、就労ビザ取得や入社後の労務など、外国人雇用に関する研修・セミナーも開催している。

若松絵里社労士・行政書士事務所
http://www.eriw-office.com/

中小企業のための外国人雇用マニュアル

2018年 6月 1日　第1刷発行
2019年 7月 10日　第3刷発行

著　　者	若松 絵里
発 行 者	千葉 弘志
発 行 所	株式会社ベストブック 〒106-0041 東京都港区麻布台3-4-11 麻布エスビル3階 03（3583）9762（代表） 〒106-0041 東京都港区麻布台3-1-5 日ノ樹ビル5階 03（3585）4459（販売部） http://www.bestbookweb.com
印刷・製本	中央精版印刷株式会社
装　　丁	クリエイティブ・コンセプト

ISBN978-4-8314-0222-6 C2034